だいじをギュッと!
ケアマネ
実践力シリーズ

# 医療連携
### 医療ニーズの高い人への支援のポイント

鶴本和香

中央法規

# はじめに

　医療と介護の連携は介護保険制度がスタートした当初から求められていましたが、最近は地域包括ケアシステムの構築の流れから、さらに医療と介護の連携強化が強調されています。医療と介護をつなぐハブ機能を有するケアマネジャーの皆さんは、試行錯誤しながら医療との連携に奔走されていることと思いますが、医療職との連携についてどのように感じておられるでしょう？

　在宅においては、医療ニーズが高い要介護高齢者が今後ますます増加してきます。住み慣れた地域で最期までその人らしく暮らしていけるかどうかは、ケアマネジャーのマネジメント力にかかっているといっても過言ではありません。

　ケアマネジメントに利用者を全人的に理解する視点が求められるのは当然のことです。そのためには、「生命の保護」「公正・中立」「自己決定（主体性の尊重）」「利用者利益の優先」「QOLの向上」「守秘義務と積極的情報開示」といった倫理原則が求められています。そのなかで最優先される倫理原則が「生命の保護」です。命を守るためには、ケアマネジャーは利用者の疾患の状態、治療の状況、心身の状況などを把握する必要があります。そのためには、基本的な医療知識をもつことが求められますが、福祉系の基礎資格のケアマネジャーであれば、介護知識は備わっていても医療知識が十分ではないのは致し方ないことです。反対に、医療系の基礎資格のケアマネジャーであれば、日常生活をアセスメントすることが苦手であったりします。

　専門知識による得手不得手が存在するのは当然のことであり、すべての知識を網羅している専門職は存在しません。だからこそそのケアマネジ

メントなのです。ケアマネジメントは、ケアマネジャーが利用者と 1 対
1で、差し向かいで支援するのではなく、利用者と多職種が一体となっ
て協働します。つまり、多職種がお互いの不得手な部分を補い合うこと
ができるのがケアマネジメントモデルの特徴の 1 つなのです。

　本書では「なぜ医療との連携が大切なのか」をひも解きながら、「医療
的見立てのポイント」に加え、「医療職との連携の実践的ポイント」を整
理し書き上げました。本書がケアマネジャーの皆さんの実践現場におけ
る医療職とのスムーズな連携に少しでもお役に立てることができれば幸
いです。

2018.8　鶴本　和香

# CONTENTS

はじめに ……………………………………………………………………………… i

## 第1章
# なぜ医療職との連携が大切なの?

01 なぜ医療との連携が必要なの? ……………………………………………… 002
02 なぜ医療知識が必要なの? ……………………………………………………… 004
03 高齢者の特徴を理解しよう❶加齢に伴う心身の脆弱性と変化 …………… 006
04 高齢者の特徴を理解しよう❷老化における心理的特徴 …………………… 010

## 第2章
# 医療職につなぐための医療知識❶高齢者によくみられる疾患

01 高齢者によくみられる疾患❶高血圧症 ……………………………………… 014
02 高齢者によくみられる疾患❷心疾患 ………………………………………… 018
03 高齢者によくみられる疾患❸脳血管疾患（脳卒中） ……………………… 022
04 高齢者によくみられる疾患❹糖尿病 ………………………………………… 028
05 高齢者によくみられる疾患❺慢性閉塞性肺疾患（COPD） ……………… 032
06 高齢者によくみられる疾患❻認知症 ………………………………………… 036
07 高齢者によくみられる疾患❼がん …………………………………………… 040
08 高齢者によくみられる疾患❽パーキンソン病 ……………………………… 046

## 第3章
# 医療職につなぐための医療知識❷高齢者によくみられる症状

01 高齢者によくみられる症状❶脱水 …………………………………………… 054
02 高齢者によくみられる症状❷排泄障害 ……………………………………… 058
03 高齢者によくみられる症状❸易感染 ………………………………………… 064
04 高齢者によくみられる症状❹摂食・嚥下障害 ……………………………… 068
05 高齢者によくみられる症状❺スキントラブル ……………………………… 072
06 高齢者によくみられる症状❻転倒・骨折 …………………………………… 078

## 第 4 章
# 医療職につなぐための医療知識❸ 医療的処置を有する状態

01 医療的処置を有する状態❶経管栄養法 ……………………………………… 084
02 医療的処置を有する状態❷吸引 ………………………………………………… 090
03 医療的処置を有する状態❸在宅酸素療法（HOT）…………………………… 094
04 医療的処置を有する状態❹在宅人工呼吸療法（HMV）……………………… 100
05 医療的処置を有する状態❺在宅中心静脈栄養法（HPN）…………………… 104
06 医療的処置を有する状態❻ストーマ（人工肛門・人工膀胱）……………… 110

## 第 5 章
# 医療職とスムーズに連携するためには

01 医療職と上手につきあう❶医師 ……………………………………………… 118
02 医療職と上手につきあう❷歯科医師 ………………………………………… 124
03 医療職と上手につきあう❸薬剤師（調剤薬局）……………………………… 128
04 医療職と上手につきあう❹病院（退院調整看護師・医療ソーシャルワーカー）… 132
05 医療系サービスの活用❶訪問看護 …………………………………………… 138
06 医療系サービスの活用❷訪問リハビリテーション ………………………… 144
07 医療系サービスの活用❸通所リハビリテーション ………………………… 148
08 医療系サービスの活用❹居宅療養管理指導 ………………………………… 152

## 第 6 章
# 医療ニーズの高いケースから学ぼう【事例】

01 パーキンソン病のケース ……………………………………………………… 158
02 がんターミナルのケース ……………………………………………………… 164
03 糖尿病・認知症のケース ……………………………………………………… 170
04 脳卒中のケース ………………………………………………………………… 176

著者紹介

**タスにゃん**
人を助(タス)けることに喜びを感じ
ネコ一倍仕事(タスク)に燃えるケアマネ5年目のネコちゃん。
肩にかけているタスキは使命感の象徴。
ツナ缶(マグロ)とレタスが大好物。

# なぜ医療職との連携が大切なの？

**1**

## CONTENTS

**01** なぜ医療との連携が必要なの？

**02** なぜ医療知識が必要なの？

**03** 高齢者の特徴を理解しよう❶加齢に伴う心身の脆弱性と変化

**04** 高齢者の特徴を理解しよう❷老化における心理的特徴

# 01 なぜ医療との連携が必要なの?

> **POINT**
> 介護保険法の目的等に目を通して、ケアマネジャーの役割を振り返り、なぜ医療職との連携が必要なのかを確認しましょう。

## 医療職との連携の必要性

　介護保険法には、「尊厳を保持し、その有する能力に応じ自立した日常生活を営むことができる」（法第1条）と記されており、「医療との連携に十分配慮して行わなければならない」（法第2条第2項）と医療と介護の連携についても明文化されています。運営基準第13条でも、医療との連携の必要性が定められています。

　要介護状態の高齢者は皆何らかの疾病をもっているため、ケアマネジャーが担当するすべての高齢者は医療ニーズを抱えているといえます。

　具体的には、利用者の既往歴、現在治療中の病気（状態や症状）、治療内容および受診している診療科、服用中の薬の作用・副作用を知る必要があります。命にかかわるような病気では、告知の有無、予後の経過等の情報が求められます。

　ケアマネジャーは医療職からこれらの情報を収集し、医療ニーズを分析していきます。また、医療ニーズではリスクの評価とその予防的な視点が欠かせませんが、ケアマネジャーは医療の専門職ではないため、医療ニーズを見逃してしまう可能性があります。そのため医療職との連携が不可欠なのです。

　医療職も利用者の普段の様子を把握するなかで、治療が適切なのかを知りたいと思っています。ケアマネジャーは、処方した薬が正しく飲まれているのか、副作用が出ていないか等の情報を医療職に伝え、フィードバックを受けることで医療ニーズを適切に把握できます。ケアマネジャーは医療職と連携することで、医療ニーズを抱えながら生活している利用者のQOLを高め、望む暮らしを実現す

01 なぜ医療との連携が必要なの?

1 なぜ医療職との連携が大切なの?

ることの支援が可能になります。

　さて、そもそも連携するとはどういうことなのでしょうか？　文章や電話、メール等でのやりとりは連携の1つの手段といえるでしょう。辞書をみると、連携とは「同じ目的をもつ者同士が連絡を取り合い、協力し物事に取り組むこと」などと記されています。医療職と医療ニーズのある利用者を支援するためにそれぞれの専門性を発揮し協力して取り組むこと、つまり、医療職との信頼関係を深めて利用者の生活・身体状況、疾病・服薬状況等の情報をやりとりし、その情報や支援の目標をケアチームで共有し、それぞれのケアで活かすことが「連携をしている」といえるのです。

> - ケアマネジャーが担当する高齢者は医療ニーズを抱えています。利用者のQOLを高め、望む暮らしを達成できるよう支援するには医療職との連携が不可欠です。
> - 医療ニーズは利用者によって異なります。医療職と医療ニーズをしっかりと共有することが活きた連携につながります。

まとめ

003

# 02 なぜ医療知識が必要なの?

> **POINT**
> 医療知識を身につける理由と方法を理解して、基本的な知識を身につけられるよう、日頃から意識しましょう。

## 医療職との連携で必要な医療知識

　高齢者の要介護状態等の原因となるのは、ほとんどが疾病か外傷です。ケアマネジャーが担当する利用者は医療ニーズを抱えて生活しているため、医療職との連携の必要性、利用者の健康状態や疾病・障害、薬などについて知っておく必要性があることについて前項で触れました。

　さらに医療職とスムーズに連携するためには、基本的な医療知識について知っておく必要があります。それでは、基本的な医療知識とはどの程度の知識なのでしょうか。

　医師や看護師等と同等の医療知識を得るには専門的な学習が必要です。当然、そこまでの知識は求められているわけではありません。介護福祉士等も基本的な医療知識については学習していますので、わからないことがあれば医療職に聞けば十分でしょう。

　しかし、本で勉強したり、医療職に聞いて医療知識を身につけても、ケアマネジメント（実践）に活用できなければ意味がありません。つまり、利用者に介護が必要になった原因や疾病、障害を把握し、病状の予測やリスクの軽減・回避ができる、利用者一人ひとりの医療ニーズが明確にわかるケアプランが作成できなければなりません。

02 なぜ医療知識が必要なの?

# 1 なぜ医療職との連携が大切なの?

## 利用者の病気の経過を知る意識をもつ

　医療知識を学ぶうえで大切なことは、高齢者の特徴を知ったうえで、利用者の病気の経過を知るという意識です。「要介護状態になった疾患・障害の原因は?」「(現病歴、既往歴) 受診している診療科は?」「治療内容は?」「処方されている薬は?」「その効果は?」「副作用は?」「合併症は?」「今後予測される変化は?」というふうに、多くの「なぜ?」を理解し高齢者の状態等を把握してほしいのです。

　皆さんが担当している利用者を思い浮かべてみてください。「なぜ?」は放置されずに、きちんと理解し把握されていますか? そのうえでアセスメントできているでしょうか? まずは、皆さんが担当している利用者の「なぜ?」を理解するために、利用者の病気から学んでみましょう。自分なりに本を読んだり、インターネットで調べたり、医療職に聞いたりしてみてください。実践を通して、自分で調べた疾患など、基本的な医療知識を徐々に蓄積することで、知識が深まっていきます。

---

- 利用者の「今の状態に至った経過を知る」を意識しましょう。
- 健康状態、病気、既往歴、服薬などを把握するための基本的な医療知識を身につけましょう。
- 身につけた知識をケアマネジメント（実践）に活用できるようになりましょう。

まとめ

005

# 03 高齢者の特徴を理解しよう❶
## 加齢に伴う心身の脆弱性と変化

**POINT**
ケアマネジメントを実践するうえで必要な、高齢者の生理的特徴を理解しましょう。

## 高齢者とは

　世界保健機関（WHO）の定義では、高齢者は「65歳以上の者の総称」とされています。しかし、65歳の高齢者と95歳の高齢者では、当然、心身機能や活動時間や内容、生きてきた時代背景などが全く異なるため、同じ高齢者といっても生活ニーズに大きな差があります。

## 加齢と老化

　「老い」とは年をとること、年を重ねることそのものを広く表す言葉です。誕生から死亡までの間の全生涯を通じての変化を「加齢」、成熟期以降、加齢に伴って身体の機能が徐々に衰退することを「老化」といい、「加齢」という時間経過の途中から「老化」は進行していきます。

　高齢者は見た目だけでは年齢がわからないことがあります。成熟期まではほぼ同様の成長過程をたどりますが、老化は遺伝要因のほか、疾病要因や生活習慣、環境要因、精神・心理的要因などの影響を受けながら進行するため、個人差が大きくなります。

　年の重ね方によって高齢者（利用者）の姿はそれぞれ異なるのです。

**03 高齢者の特徴を理解しよう❶加齢に伴う心身の脆弱性と変化**

**1 なぜ医療職との連携が大切なの？**

## 高齢者の生理的特徴

　老化とともに、身体の生理的機能はどのように変化するのでしょう。その程度は個人差が大きく、各臓器や器官系の能力低下も一様ではありません。また、老化現象と高齢者の病気の症状をはっきり区別することは難しいといわれます。

### 1. 運動器系の変化

　関節の変形や全身の筋萎縮などが起こることで身長が低くなります。骨密度が低下し骨粗鬆症(こつそしょうしょう)になります。そのため、骨折、関節炎、変形性膝関節症などが起こりやすくなります。さらに、筋・骨・関節の変化により姿勢を保持する能力も衰え、円背(えんぱい)になったり腰が湾曲したりします。

### 2. 循環器系の変化

　血を増やす機能が低下し、赤血球が少なくなり、酸素が全身に十分に運ばれないことで疲労感や倦怠感を起こしやすくなります。血管の動脈硬化が進み血圧が高くなります。また、リンパ系の免疫機能も低下し感染症にかかりやすくなります。

007

## 3. 呼吸器系の変化

ガス交換機能が低下し息切れしやすくなります。また肺機能の低下から呼吸器感染症（上気道炎、下気道炎、肺炎）にかかりやすくなります。嚥下機能の低下から誤嚥を起こし誤嚥性肺炎になり重症化する例も少なくありません。

## 4. 消化器系の変化

歯の欠損、歯肉の萎縮などにより咀嚼機能が低下します。胃酸・唾液の減少、胃壁の運動や腸の蠕動運動の低下によって、消化不良や便秘、下痢が起こりやすくなります。肝機能も低下し薬剤の副作用も起こりやすくなります。

## 5. 泌尿器系の変化

腎機能の低下から尿のろ過機能が低下し、多尿あるいは頻尿になります。また、膀胱の筋肉量の減少、収縮力の低下によって、排尿困難、尿道の括約筋の筋力低下によって失禁が起こります。男性の場合は、尿道を取り巻く前立腺が肥大して起こる排尿困難が多くみられます。

## 6. 内分泌系の変化

内分泌系はホルモンを分泌して身体の働きを調整し、人体の機能の恒常性（体温や血圧、血糖などの値を一定の状態に保とうとする性質）を維持しています。例えば、体温維持機能に変化が起こり、肺炎を発症していても熱発しないため気づくのが遅れるといったことも起こります。

## 7. 脳神経系の変化

脳神経の細胞は一般的には30歳を過ぎた頃から少しずつ死滅を続け、それに伴って情報の収集・処理・伝達の能力も低下していきます。年を重ねるたびに刺激に対する反射神経運動も衰えてきます。高齢期になると、さらに脳の血流が少なくなるため認知機能が低下していきます。

## 8. 感覚器系の変化

感覚器系には、外からの刺激を受け入れ、脳の感覚中枢に伝える働きがありま

03 高齢者の特徴を理解しよう❶加齢に伴う心身の脆弱性と変化

1 なぜ医療職との連携が大切なの？

す。加齢に伴って、動作時の身体のバランスを保つ平衡感覚が衰え、転倒しやすくなります。視覚においては白内障が起こりやすくなり、視力・視野・明暗順応の低下が起こります。聴覚においては、一般的には50歳代以降に徐々に老人性難聴によって高音域の聴力低下が起こります。嗅覚や味覚も低下していくため、食欲低下や塩分を摂りすぎる傾向にもなります。

### 9. 皮膚器官の変化

発汗などの皮膚分泌の機能が低下するため、皮膚が水分を失って乾燥し、かゆみを感じやすくなります。また、皮膚の弾力も低下するため、しわ、たるみ、しみが現れます。感覚も鈍くなるため、軽い怪我をしても痛みを訴えないことがあります。

- ケアマネジャーは高齢者の生理的特徴を知っておかなければなりません。老化現象と高齢期の病気の症状との区別が難しいことも押さえておきましょう。
- 加齢によりさまざまな身体機能が低下し予備能力がなくなっているため、疾患にかかりやすく、発見時には重篤化していたり、急変する可能性があることを理解しましょう。

＼まとめ／

# 04 | 高齢者の特徴を理解しよう❷
## 老化における心理的特徴

> **POINT**
> ケアマネジメントを実践するうえで、必要な高齢者の心理的特徴を理解しましょう。

## 老い（老年兆候）の自覚

　加齢に伴って、さまざまな経験や変化から自分が老いてきたこと（老年兆候）に気づかされます。一般的に、老いは身体面の変化から自覚することが多く、白髪が増えてきた、肌につやがなくなりしわが増えてきた、老眼を自覚してきた、耳が遠くなってきた、よくつまずくようになった等の自覚症状があります。

　また、集中力がなくなってきた、記憶力が衰えた、気力がなくなってきた等、精神面でも老いを感じるようになります。定年退職を迎えた、孫が産まれた、社会活動が減ってきた等、環境からも老いを実感します。老いの受け止め方は人それぞれですが、ネガティブにとらえる人が多いでしょう。

## 喪失体験

　加齢に伴って、人はそれまで培ってきたものを少しずつ失っていきます。身体的衰え、仲間の喪失、生きがいの喪失など、人それぞれ感じ方は異なるでしょうが、喪失体験は高齢者の心理に少なからず影響を及ぼします。なかでも、最も大きな影響を与えるのが役割喪失です。例えば、子どもの独立による親としての役割喪失、定年退職による職業上の役割喪失、少しずつ友人との交流も減っていきます。高齢者はこうした喪失体験に加えて、時に経済不安などの物理的な環境による不安も相まって、さまざまな葛藤を抱えて生活しています。

04 高齢者の特徴を理解しよう❷老化における心理的特徴

**1 なぜ医療職との連携が大切なの?**

## ケアマネジャーの視点

　老いを受け止めることができるか、喪失体験を上手に乗り超えることができるかで、心理状態は大きく変わります。ケアマネジャーは高齢者の心理状態の複雑性・個別性を認識し、「老い」を受け入れる難しさを常に頭に置いてケアマネジメントしなければなりません。ひとえに心理面といっても、情緒（感情）・人格・精神機能など多様なことが含まれます。加齢に伴いこれらの要素がすべて低下すると思われがちですが、長い年月をかけ、さまざまな経験を積み重ねることで、情緒や人格が円熟したりするなど、人間としての成熟味も増していきます。その多様性を理解し、人生の先輩として敬う気持ちが大切です。

> **まとめ**
> ・高齢者は喪失体験に加え、時に経済不安なども相まって、さまざまな葛藤や不安を抱えて生活しています。
> ・ケアマネジャーは高齢者の心理状態を理解し、「老い」を受け入れることの難しさを意識することが大切です。

# 医療職につなぐ
# ための医療知識❶
## 高齢者によくみられる疾患

# 2

## CONTENTS

**01** 高齢者によくみられる疾患❶高血圧症

**02** 高齢者によくみられる疾患❷心疾患

**03** 高齢者によくみられる疾患❸脳血管疾患（脳卒中）

**04** 高齢者によくみられる疾患❹糖尿病

**05** 高齢者によくみられる疾患❺慢性閉塞性肺疾患（COPD）

**06** 高齢者によくみられる疾患❻認知症

**07** 高齢者によくみられる疾患❼がん

**08** 高齢者によくみられる疾患❽パーキンソン病

# 01 | 高齢者によくみられる疾患❶
# 高血圧症

> **POINT**
> 高血圧症の症状や治療について理解しましょう。ケアマネジャーとして、利用者や多職種に対して、何に気をつけなければならないのか示す際の留意点について確認しましょう。

## 血圧と高血圧

　血圧は、血管内の血液がもつ圧力のことです。心臓が収縮して血液を押し出したときが最も高く、最高（収縮期）血圧といい、心臓が拡張して血液をため込むときが最も低くなり、最低（拡張期）血圧といいます。血圧の値は心臓から送り出される血液量（心拍出量）と血管の硬さ（血管抵抗）により決まります。

　血管に圧力がかかり過ぎている状態が高血圧です。日本高血圧学会のガイドラインでは、収縮期血圧140mmHg以上または拡張期血圧90mmHg以上が高血圧と定義されています（図表2-1）。特有な自覚症状がなく、長い期間をかけて動脈硬化を進行させるため、「サイレントキラー（沈黙の殺人者）」とも呼ばれます。ゆっくり進行するため放っておくと突然、脳卒中や心筋梗塞になることがあり、

---

**高齢者の高血圧の特徴**
- 最高血圧の上昇と脈圧（最高血圧と最低血圧の差）が大きい
- 血圧が変動しやすい
- 早朝に血圧が高くなりやすい
- 起立時や食後に血圧が低くなりやすい
- 白衣高血圧が多い　等

**図表2-1** 収縮期血圧と拡張期血圧

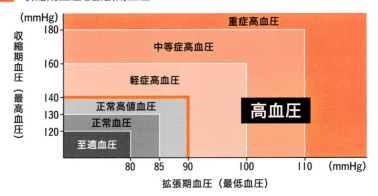

**図表2-2** 血圧のしくみ

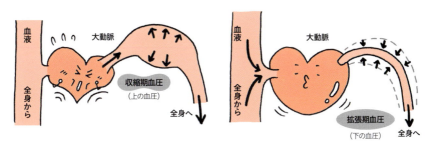

最悪の場合、突然死をもたらす怖い病気です。また、徐々に腎機能も低下していきます。

## 高血圧のタイプと原因、特徴・治療

　高血圧は、原因がはっきりしない本態性（一次性）高血圧と、原因がはっきりしている二次性高血圧に分かれます。
・本態性（一次性）高血圧：日本人の高血圧の約90％以上を占め、遺伝的体質や悪い生活習慣等が組み合わさって起こると考えられます。
・二次性高血圧：腎臓の病気や副腎腫瘍によるホルモン異常、薬の副作用など、原因が明らかなものです。本態性高血圧と比べると若い人に多く、原因疾患の治療で改善することもあります。

本態性高血圧は、減塩、節酒、禁煙、運動など、生活習慣の改善が基本となります（非薬物療法）。それでも改善しない場合には、薬物療法を開始します。二次性高血圧では、高血圧の原因となる病気の治療が基本です。血圧を下げる薬は多くの種類があり、そのなかからその人の血圧レベルや状態、その他の病気の有無などから使用する薬を決めていきます。治療による降圧目標は140/90mmHgを目指しますが、高齢者の場合は慎重な降圧が必要です。一人ひとり目標血圧値が異なりますので医師に確認・相談しましょう。

# ケアマネジャーが押さえたいポイント

## 血圧コントロールの大切さを認識してもらう

　高血圧は自覚症状がほとんどないため、危険な病気だという認識が薄いことがほとんどです。放っておくと合併症を引き起こしたり、突然死に至る危険性があること等を認識しましょう。

## 生活習慣を修正できるように支援する

　高齢者の場合も、減塩、節酒、禁煙、食事量の調整、運動などの非薬物療法を積極的に行うことが推奨されています。高齢者は生活習慣の変更を受け入れない傾向があるので、医師等と相談し、本人や家族の意向も聞いて、無理のない程度に改善策を見つけていく姿勢が大切です。

## 内服管理をできるように支援する

　高齢者は、加齢によるもの忘れで内服を忘れたり、飲む量や回数を間違ったり、自らの判断で服用をやめてしまう人もいます。本人や家族に、病気の受け止め方や服用に対する思いを聞き、ズレがあると感じれば、医師や看護師、薬剤師に必要な情報を提供してもらいましょう。

　薬の効果をモニタリングするには定期的な血圧測定が必要ですが、高齢者は定期的な測定が難しい人もいます。かかりつけ医に、自宅での測定の必要性、必要ならば測定の回数、測定時間、訪問看護師導入の必要性を確認しましょう。

## 異常サインを知り対応できるようにする

・高齢者は血圧調整機能が低下していて起立時の転倒リスクがあるため、手すりなどを持ってゆっくりと立ち上がり、フラフラしないことを確認して歩行するように説明しましょう。
・利用者の普段の血圧を知っておき、医師に目標血圧値（ベスト血圧値）を聞いておきましょう。
・どのような症状になったら医師や看護師へ連絡すればいいのか、事前に確認しておきましょう。

＜異常サインと対応＞

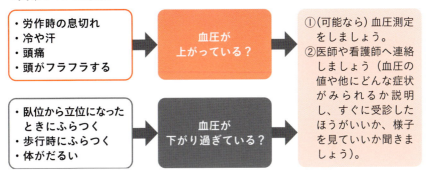

---

**まとめ**

・症状や合併症を知り、本人・家族に血圧のコントロールをすることの大切さを説明できるようにしておきましょう。
・服薬管理に支援が必要か確認し、確実に服用できるような支援を考えましょう。
・異常時のサインを知り、どんなときに誰に連絡するか事前に確認しておきましょう。

# 02 | 高齢者によくみられる疾患❷ 心疾患

> **POINT**
> 心疾患の症状や治療について理解しましょう。ケアマネジャーとして、利用者や多職種に対して、何に気をつけなければならないのか示す際の留意点を確認しましょう。

## 虚血性心疾患：狭心症・心筋梗塞

　心臓は休むことなく動き続けるポンプであり、同じリズムをできるだけ維持し続けて、全身に血液を送り酸素や栄養を循環させます。この機能を担っているのが心臓の筋肉である心筋です。この心臓の機能が障害される病気の総称を心疾患といい、その大部分を占めるのが「虚血性疾患（狭心症・心筋梗塞）」です。

　心臓をとりまく冠動脈は、心筋に酸素や栄養を供給しています。狭心症は冠動脈にプラーク（コレステロールなどの塊）ができ、内側が部分的に狭くなり、一時的に心筋への血流が悪くなることで起こります。

　狭心症の発作では、胸痛や胸部圧迫感や息切れ、呼吸困難などが起こります。多くは血流がすぐに回復し、症状は数十秒から数分間で収まります。冠動脈が完全に閉塞または著しく狭窄し、心筋が壊死してしまう症状を心筋梗塞といい、ただちに治療が必要となります（図表2-3）。

## 治療

　薬物療法、経皮的冠動脈形成術、冠動脈バイパス術、生活習慣の修正等

**02 高齢者によくみられる疾患❷心疾患**

**図表2-3** 狭心症と心筋梗塞の違い

| | 狭心症 | 心筋梗塞 |
|---|---|---|
| 病態 | 冠動脈が狭い状態<br>冠動脈血管<br>血の流れが悪くなる<br>プラーク | 冠動脈が閉塞した状態<br>冠動脈血管<br>血の流れが止まる<br>血栓<br>プラーク |
| 発作持続時間 | 数分ほどの短い発作 | 30分以上持続する |
| 起こり方 | 労作時や安静時に起こる | 労作とは無関係に起こる |

# 心不全

　さまざまな心疾患により心臓のポンプ機能が低下する状態を心不全といい、急性心不全と慢性心不全があります。慢性心不全は、長期にわたり心臓の機能が低下していて血液の流れが徐々に悪くなる状態です。急性心不全は、慢性心不全が何らかの原因で急激に悪化した状態、もしくは急性心筋梗塞などの原因で突然心不全になった状態をいいます。

　症状は重症度（次ページのNYHA分類参照）によってさまざまですが、主なものとして、息切れや呼吸困難、倦怠感、食欲不振、尿量の低下、浮腫などがあります。風邪や肺炎などの感染症や低栄養、貧血などがきっかけで悪化する可能性があります。

# 治療

　薬物療法や運動療法（制限も含む）や水分・塩分制限、在宅酸素療法等

> **心不全の重症度分類：NYHA（New York Heart Association）分類**
>
> Ⅰ度：心疾患はあるが身体活動に制限はない。
>
> 　　　日常的な身体活動では著しい疲労、動悸、呼吸困難あるいは狭心痛を生じない。
>
> Ⅱ度：軽度の身体活動の制限がある。安静時には無症状。
>
> 　　　日常的な身体活動で疲労、動悸、呼吸困難あるいは狭心痛を生じる。
>
> Ⅲ度：高度な身体活動の制限がある。安静時には無症状。
>
> 　　　日常的な身体活動以下の労作で疲労、動悸、呼吸困難あるいは狭心痛を生じる。
>
> Ⅳ度：心疾患のためいかなる身体活動も制限される。
>
> 　　　心不全症状や狭心痛が安静時にも存在する。わずかな労作でこれらの症状は増悪する。

# ケアマネジャーが押さえたいポイント

❶虚血性心疾患のある利用者が、発作時に自分で対処できるかの把握が大切です。狭心症発作が現れたときには座位または臥位になり、主治医から処方されているニトログリセリン製剤を使用します。数分経っても症状が治まらない場合はもう一度使用し、それでも治まらなければ、急性心筋梗塞に移行している可能性があるため、救急車を要請し救急外来を受診します。利用者がこのような対処を理解できているか確認しましょう。

❷心疾患のある高齢者の生活上、気をつけることを知っておきましょう。

・処方されている薬はきちんと服用しなければならないことを説明しましょう。

・運動を制限してしまうと機能低下を招くため、高齢者にとって適正な運動量や活動量などを主治医に確認しましょう。

・心不全を繰り返す人に対して塩分や水分の制限を行うことがあります。1人ひとり適量は異なるため、主治医に確認することが必要となります。

・ベスト体重（目標体重）を知り、こまめに体重測定を行い、むくみを確認しましょう。「体内水分量」と栄養の管理が体重測定の目的です。1週間に体重が3kg以上増えている場合、「水分が体内にたまっている」と考えます。水分がたまると心不全の状態が悪化する可能性があり注意が必要です。

- 入浴環境に留意します。浴室、脱衣所、居室の寒暖差は血圧の変化を起こし心臓に負担がかかります。温度差がないようあらかじめ調整しておきましょう。お湯の温度は38～40℃程度にしておき、10分程度で入浴しましょう。
- 排便時に力むと心臓の負担になるため、便通をよくしておきましょう。
- 口腔ケアを行い再発作を予防しましょう（歯周病菌が血中に入り込むとプラークを形成する原因となります）。

＜異常サインと対応＞

高齢者の場合、胸痛等の典型的な症状が現れにくいため、見過ごされることがあります。普段と異なる変化には十分気をつけましょう。

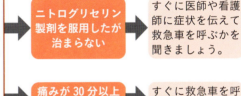

**狭心症・心筋梗塞**
（※発作は突然始まる）
- 重苦しい、締め付けられる等の痛みが胸全体で起こる前胸部の痛み
- 頸部や背部痛
- 左肩や左上肢の凝りや不快感
- 胃部の不快感

→ ニトログリセリン製剤を服用したが治まらない → すぐに医師や看護師に症状を伝えて救急車を呼ぶかを聞きましょう。

→ 痛みが30分以上続く → すぐに救急車を呼びましょう。

**心不全**
- 何となく元気がない
- 活動が低下している
- 食欲が低下している
- 風邪のような徴候（時々せき込む）
- 体重が1週間に2～3kg以上増えている
- むくみが増えてきている

→ 医師や看護師へ連絡する。症状を伝えて、すぐに受診したほうが良いか、様子をみていいのか聞きましょう。

---

**まとめ**

- 心疾患は、突然死の可能性が最も高い病気であることを知っておきましょう。
- 発作が起こったときの対処の仕方について事前に確認しておきましょう。
- 日常生活で気をつけなければいけないことを説明できるようにしましょう。

# 03 高齢者によくみられる疾患❸ 脳血管疾患（脳卒中）

> **POINT**
> 脳血管疾患の症状や治療について理解しましょう。ケアマネジャーとして、利用者や多職種に対して、何に気をつけなければならないのか示す際の留意点について確認しましょう。

## 脳血管疾患（脳卒中）とは

　脳血管疾患（以下、脳卒中）は、脳の血管が詰まって起きる虚血性の"脳梗塞"と、脳の血管が破れて出血することで起きる出血性の"脳出血"に大別されます（図表2-4）。

### 1.脳梗塞

　脳の動脈が閉塞して、脳に血液が届かず脳細胞が壊死してしまう状態です。❶ラクナ梗塞、❷アテローム血栓性脳梗塞、❸心原性脳梗塞に分けられます。脳梗塞には前兆として症状が現れることがあり、「一過性脳虚血発作」といいます（図表2-5）。

＜一過性脳虚血発作＞
　一時的に血栓が脳の血管に詰まることで起こり、多くの場合は数分（2～15分）、長くても24時間程度で症状が消失します。詰まった血栓が溶けることで血流が回復します。

03 高齢者によくみられる疾患❸脳血管疾患（脳卒中）

**図表2-4** 脳卒中の分類

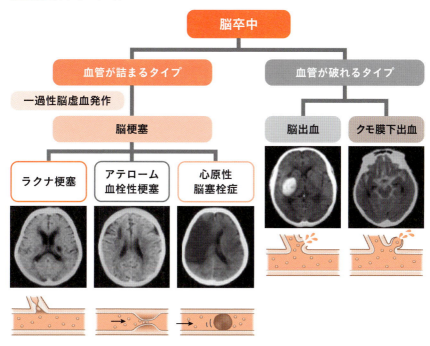

**図表2-5** 主な脳梗塞の特徴

● **ラクナ梗塞（脳血栓症）**
脳の細い穿通枝動脈が閉塞する

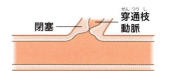

● **アテローム血栓性梗塞（脳血栓症）**
糖尿病、脂質異常症（高脂血症）などが原因で生じた
動脈硬化により、脳の比較的太い血管が狭窄・閉塞する

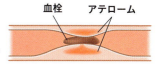

● **心原性脳塞栓（脳塞栓症）**
不整脈、心筋梗塞、心筋症、心内膜炎などの心疾患が
原因で生じた血栓が脳動脈へ流出し、脳血管を閉塞する

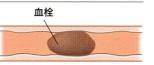

## 症状

　前兆や早期症状として、手足に力が入らない、しびれがある。重いめまいがする。ろれつが回らない、言葉が一瞬出てこなくなる。物が二重に見えるなどがあります。

　後遺症は障害される部位や程度によりさまざまで、症状がないものから、❶意識障害、❷神経障害などが出現する場合もあります。後遺症により、これまでできていた基本的な動作や活動が困難になることがあります。

❶意識障害：自分の状態や周囲の状況を認識できる状態が「意識がある状態」です。意識の中枢は脳幹にあり、大脳に信号を送っています。この経路が障害されると意識低下がみられます。

❷神経障害：脳血管障害でよくみられるのは、運動障害（主な症状は片麻痺（全身の筋肉の動きをコントロールする役割をもつ「運動野」が障害されることで起こります）。右脳の障害で左片麻痺、左脳の障害で右片麻痺が現れます）、言語障害、感覚障害、視野障害、排泄障害、嚥下障害、高次機能障害等があります。

---

＜高次脳機能障害の主な症状＞

　❶注意障害：ぼんやりしていて周りの人や事象に関心を示さない等

　❷記憶障害：見当識障害（日時、場所、人の名前も覚えられない）等

　❸失語：言葉の理解も表現もできない。あるいは、そのどちらかができない。
　　　復唱はできる、復唱だけできないなど多様。

　❹失認：視覚、聴覚、触覚等の感覚に異常はないのに物体を認識できなくなる症状。

　❺失行：運動麻痺などないのに衣服の着脱ができない、箸と茶碗を持って食事ができない等、手足の動かし方や物の使い方がわからなくなる症状。

　❻半側空間無視：自分が見ている空間の片側を認識できない症状。左半側空間無視の具体的な症状として、食器の左側にある食べ物を残したり、歩行時に左側の物にぶつかったり右側へ寄っていく等。

### 治療

　発症から1〜2週間までの急性期治療が重要です。なかでも発症してから3〜6時間くらいを「超急性期」といい、状態像で治療方針が異なり後遺症の症状も違いがあります。急性期の治療では、脳梗塞の分類や症状にあわせて、「抗血栓療法」を中心に「抗浮腫療法」「脳保護療法」「r-PAによる血栓溶解療法」（発症4〜5時間以内の脳梗塞に適応）といった薬物療法がメインとなります。

　慢性期には再発を予防するために血栓を作らないことが重要であり、内服薬で抗血栓療法を継続して行っていきます。アテローム血栓性脳梗塞やラクナ梗塞などには抗血小板薬、心原性脳塞栓症には抗凝固療薬を処方します。また、内服治療と並行して早期からのリハビリテーションが治療の中心になります。

## 2.脳出血

　脳の血管が破れて出血することをいいます。出血の部位によって脳出血、クモ膜下出血があります（図表2-4）。

### 症状

　脳梗塞とは異なり、多くはある日突然起こります。また、日中の活動時に起きるケースが大半を占めています。

　初期症状は部位や程度によって異なりますが、典型的な症状は、突然、左右どちらかの手足に力が入らなくなったり、頭痛、嘔吐などを起こしているうちに意識がなくなったりします。突然倒れて大きないびきをかくこともあります。クモ膜下出血では、今まで経験したことのない突然の激しい頭痛・嘔吐・痙攣、意識障害が起こります。なお、後遺症の症状は脳梗塞と同様です。

### 治療

　脳出血は突然起こるため、救急で搬送されることが多いです。治療方法は出血の量などにより保存的治療（薬物療法：血圧を下げる、脳浮腫の軽減など）もしくは外科的治療（開頭血腫除去術、血腫吸引など）が行われます。

　慢性期の治療は再出血を起こさないための血圧コントロールが重要です。後遺症に対してのリハビリテーションは急性期から開始されます。

# ケアマネジャーが押さえたいポイント

## 再発の予防

　ケアマネジャーとしてかかわる時期は慢性期が主になります。脳卒中で大事なことは再発の防止です。再発の要因として、高血圧、糖尿病、脂質異常症、心疾患などの基礎疾患、飲酒や喫煙、食事などの生活習慣、薬の飲み忘れなどがあります。基礎疾患を安定させ、生活習慣の見直しや薬の飲み忘れをしないことが大切です。

## リスク管理

　ケアマネジャーは、利用者の基礎疾患や生活習慣、嗜好や服薬状況の把握、主治医・看護師への留意点の確認等により、リスクを管理しなければなりません。

　脳卒中に伴う障害は個別性が高く、特に高次機能障害の有無により大きくアプローチが変わります。退院前からかかわる利用者は、できれば入院中に病名（脳血管疾患の種類と基礎疾患）や症状、障害の程度（後遺症）、リハビリのゴールについて情報収集しておきましょう。障害の受容ができなくて自分自身を見失い、うつ傾向になってしまう人も多くいます。

　また、家族も介護に対する大きな不安を抱えます。利用者や家族の気持ちを受容し、退院後の日常生活における支援では、チームで利用者のニーズや目標を共有することが大切です。


＜異常サインと対応＞

　1回目よりも後遺症の程度は重くなることが多いです。

　最悪の場合は死に至る可能性もあります。

| ・意識障害の悪化<br>・麻痺の増悪（場合によっては両麻痺になる可能性もある。）<br>・会話ができていたのにできなくなった。 |  | すぐに医師や看護師に伝えて救急車を呼ぶか聞きましょう。連絡が取れない場合は救急車を呼びましょう。 |
|---|---|---|

03 高齢者によくみられる疾患❸脳血管疾患（脳卒中）

**図表2-6** 脳梗塞の予防のポイント（脳卒中予防十か条）

❶ 手始めに　**高血圧**から　治しましょう

❷ **糖尿病**　放っておいたら　悔い残る

❸ **不整脈**　見つかり次第　すぐ受診

❹ 予防には　**タバコ**を止める　意志を持て

❺ **アルコール**　控えめは薬　過ぎれば毒

❻ 高すぎる　**コレステロール**も　見逃すな

❼ お食事の　**塩分・脂肪**　控えめに

❽ 体力に　合った**運動**　続けよう

❾ 万病の　引き金になる　**太りすぎ**

❿ **脳卒中**　起きたらすぐに　病院へ

● 生活習慣改善の勧め　● 危険因子の管理　● 発症した場合の対応
（作成：日本脳卒中協会）

---

**まとめ**

・脳血管疾患の種類と後遺症や治療の内容は、基礎知識として知っておきましょう。

・利用者の病気の種類と発症の経過や状態、治療を把握しておきましょう。

・脳血管疾患は再発を起こしやすい病気です。再発しないよう基礎疾患や生活習慣、嗜好品を知り、薬を確実に飲めているか把握し、リスク管理をしましょう。

# 04 | 高齢者によくみられる疾患❹
# 糖尿病

> **POINT**
> 糖尿病の症状や治療について理解しましょう。ケアマネジャーとして、利用者や多職種に対して、何に気をつけなければならないのか示す際の留意点を確認しましょう。

## 糖尿病とは

　糖尿病は、血糖値を下げるホルモンであるインスリンの作用不足により、血液中の血糖値が慢性的に高くなる疾患です。インスリンの分泌量低下といった遺伝因子が原因の「１型糖尿病」と、過食や運動不足、肥満といった環境因子が原因の「２型糖尿病」があります。日本人の90％以上は「２型糖尿病」です。

　高血糖の特徴的な症状に「口渇・多尿・多飲」があります。高齢者は身体・心身機能の低下により自覚症状が乏しくなります。高血糖症状が長く続くと三大合併症（網膜症・腎症・神経障害）が起こり、QOLを著しく低下させます。

### 糖尿病の三大合併症

**糖尿病性網膜症**

　高血糖が続くと網膜の毛細血管に障害が起きます。進行すると失明の原因になります。末期まで自覚症状はほとんどないため、定期的な眼底検査が重要です。

**糖尿病性神経障害**

　高血糖状態が続くと、神経細胞における代謝異常が起きたり、細い血管（細小血管）の血流が悪くなって神経細胞に酸素や栄養が行き渡らなくなって神経障害が起こります。

## 04 高齢者によくみられる疾患❹糖尿病

**図表2-7** 高齢者糖尿病の血糖コントロール目標値

| 患者の特徴・健康状態 | | カテゴリーⅠ | カテゴリーⅡ | カテゴリーⅢ |
|---|---|---|---|---|
| | | ❶認知機能正常 かつ ❷ADL自立 | ❶軽度認知障害～軽度認知症 または ❷手段的ADL低下、基本的ADL自立 | ❶中等度以上の認知症 または ❷基本的ADL低下 または ❸多くの併存疾患や機能障害 |
| 重症低血糖が危惧される薬剤（インスリン製剤、SU薬、グリニド薬など）の使用 | なし | 7.0％未満 | 7.0％未満 | 8.0％未満 |
| | あり | **65歳以上75歳未満** 7.5％未満（下限6.5％） **75歳以上** 8.0％未満（下限7.0％） | 8.0％未満（下限7.0％） | 8.5％未満（下限7.5％） |

※HbA1c値は、赤血球中のヘモグロビンのどれくらいの割合が糖と結合しているかを示す検査値。過去1～2か月の血糖値の平均を反映して上下するため、血糖コントロール状態の目安となる。

### 糖尿病性腎症

　高血糖状態が続くと、動脈硬化などのダメージを受けるため、ろ過がうまく機能しなくなります。その結果、尿中に蛋白が漏れ出したり、老廃物がきちんと排泄できなくなったりします。最終的には腎臓が機能しなくなる腎不全になり、腎機能の代わりとして人工透析をしなくてはならなくなることもあります。

# 治療

　治療の基本は、❶食事療法、❷運動療法、❸薬物療法（内服薬、インスリン注射）です。合併症予防のため血糖コントロールが必要になります。日本糖尿病学会と日本老年医学会は「高齢者糖尿病の血糖コントロール目標値」（HbA1c値）を設定しています（図表2-7）。高齢者の年齢や健康状態、治療内容などで区切り、それぞれが無理なく効果的に糖尿病の治療を行えるよう工夫されています。

❶食事療法：糖尿病治療の基本で最も効果があります。1日の食事を適正なエネルギー量（カロリー量）に制限し、栄養バランスの取れた食事をすることで、血糖値をコントロールしていく治療法です。

❷運動療法：血糖値を低下させると同時に、肥満の解消に大きな効果があります。

❸薬物療法：食事療法と運動療法で十分な血糖コントロールが得られない場合に補助的な役割を担います。糖尿病治療薬には経口血糖降下薬とインスリン注射の二つがあります。治療薬は、糖尿病のタイプや症状、血糖コントロールの状態などを診断したうえで、どのような薬を使うかが決められます。

# ケアマネジャーが押さえたいポイント

## 利用者の病識も含めた血糖コントロールの確認

血糖コントロールは合併症予防のために非常に重要です。利用者のHbA１c目標値を主治医に確認するとともに、利用者自身が理解できているかも確認しましょう。モニタリング時に日頃の血糖値とHbA１c値を教えてもらいましょう。

## 嗜好や食習慣に応じたアドバイス

高齢者は長年の食習慣が身についています。食事療法の必要性は頭で理解できてもなかなか実践できないことが多いため、今までの食習慣を否定しないような関わりが大切です。嗜好や食習慣に合わせた食事療法ができるように主治医や栄養士のアドバイスを家族と一緒に受けることを提案してみましょう。また、治療食として調理済みの宅配食の利用も提案してみましょう。

## 運動は生活活動の維持という視点で

運動療法は高齢になると、必ずしもプラスになるとは限りません。心肺機能や膝関節などに問題を抱えている人が少なくないため、不用意な運動は別の病気（例えば、狭心症や心不全、関節炎など）を誘発しかねません。運動療法を始める前に主治医と本人と具体的にどの程度の運動（活動）をするのか話し合いましょう。運動というより、生活活動の維持という視点で支援していきましょう。

## 低血糖に注意した服薬管理

薬物療法では、どんな薬を服用しているのか、インスリン注射ができているのか、血糖測定ができているのかを把握しましょう。管理が難しくなっている場合は、主治医と相談して訪問看護師の導入を検討しましょう。

04 高齢者によくみられる疾患❹糖尿病

　高齢者の服薬管理で最も注意しなければならないのは低血糖です。低血糖の発作を避けるために血糖コントロールを行います。しかし、高齢者は低血糖の典型的な症状が現れにくく、症状が現れても自分で判断できないことがあり、対処が遅れてしまうこともあります。症状は「あくび、冷汗、動悸、手の震え」等ですが、人によってさまざまです。その人に現れやすい症状を知ってもらい、症状が現われたときに主治医から処方されたブドウ糖等を摂取できているか確認しましょう。モニタリング時には低血糖の頻度や症状を確認し、主治医や看護師に報告して今後の治療方針を確認しましょう。

　その他に、足の状態も確認しましょう。血糖コントロールがうまくいかない人は些細な傷でも悪化し、最悪の場合、壊疽まで至ることもあります。

〈異常サインと対応〉

| 低血糖症状 | | |
|---|---|---|
| ・あくび　・めまい<br>・冷汗　　・手の震え<br>・動悸<br>・その他（その人特有の症状） | 処方されているブドウ糖を摂取してもらう。 | どういうときに症状が出たのか、また頻度を把握し主治医や看護師に伝えておきましょう。 |

| 重症低血糖症状 | | |
|---|---|---|
| ・意識混濁<br>・意識消失 | 処方されているブドウ糖を唇と歯肉の間に擦り込む。 | すぐに主治医や看護師に伝え救急車を呼ぶかを聞きましょう。連絡が取れない場合は救急車を呼びましょう。 |

**まとめ**

・高齢者の糖尿病は、自覚症状が乏しくなるため、高齢者本人は自己コントロールできていると思いがちです。改めて症状を理解しましょう。
・主な治療法を理解し、担当する利用者がどんな治療を受けているのか、その治療に対する意識・理解度を確認しましょう。

2
医療職につなぐための医療知識❶高齢者によくみられる疾患

# 05 | 高齢者によくみられる疾患❺ 慢性閉塞性肺疾患（COPD）

> **POINT**
> 慢性閉塞性肺疾患の症状や治療について理解しましょう。ケアマネジャーとして、利用者や多職種に対して何に気をつけなければならないのか示す際の留意点を確認しましょう。

## 慢性閉塞性肺疾患（COPD）とは

　慢性閉塞性肺疾患（COPD）は、閉塞性換気障害のある呼吸器疾患のなかで、肺気腫と慢性気管支炎を総称したものです。たばこの煙等の有害物質を長期に渡り吸入することが原因で、気管支や細気管支、肺胞などに慢性の炎症が生じて空気の出し入れに障害が起こる病気です（図表2-8）。

　症状は、歩行時や階段昇降など、身体を動かしたときに息切れを感じる労作性呼吸困難が特徴です。その他の症状は、慢性の咳や痰、時に喘鳴の出現があります。症状が進行すると、安静時にも息が苦しくなります。また、口すぼめ呼吸（労作時に息切れが出現したときに意識的に口をすぼめて呼吸する）、ビア樽状の胸郭のような身体症状が出現します（図表2-9）。

　労作時の息切れ、疲労感により日常生活動作全般が困難になったり、食欲不振、体重減少、睡眠障害などがみられます。高齢者が気道感染を合併すると急性増悪をきたし、肺機能が急激に低下します（呼吸不全）。重症になるとばち指（指先が太鼓のバチのように丸く膨らんでいる状態）、チアノーゼ、抹消浮腫、右心不全などが出現します。

図表2-8 健康な肺とCOPDの肺

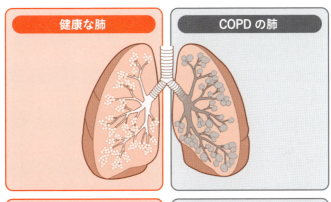

| 健康な肺胞 | 肺気腫の肺胞 |
|---|---|
|  | <br>肺胞の壁が徐々に壊れ酸素の流れが悪化 |

| 健康な気管支 | 慢性気管支炎の気管支 |
|---|---|
| 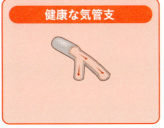 | 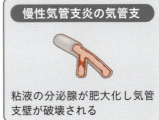<br>粘液の分泌腺が肥大化し気管支壁が破壊される |

図表2-9 COPDの典型的な身体所見

| 口すぼめ呼吸 | ビア樽状胸郭 |
|---|---|
|  呼気時に口唇をすぼめながらゆっくりと呼出を行う |  肺の過膨張により胸郭の前後径が増大する |

# 治療

　COPDは改善することができないため、進行を防ぎ、症状を安定させることが治療の中心です。喫煙している人は、まず禁煙が第一の治療です。禁煙できない人には禁煙外来の受診や禁煙教室への参加を働きかけるようにしましょう。

　薬物療法の中心は気管支拡張薬（経口、吸入、貼付）です。その他には去痰薬、鎮咳薬、感染症を予防する抗菌薬の投与もあります。薬物療法を行っていても、肺機能の低下に伴い十分な酸素を全身に取り込むことができず低酸素血症に陥る場合があります。医師が必要と認めた場合に酸素療法が行われ、長期に渡る場合は在宅酸素療法（HOT）が導入されます。さらに症状が悪化して呼吸不全が進行している人や睡眠時の呼吸に障害がある人には、換気補助療法（非侵襲的陽圧換気療法（NPPV））が導入されることもあります。

　他の治療として、食事療法や呼吸リハビリテーション、感染予防のためのワクチン接種などがあります。

**図表2-10** COPDの一般的なセルフケアの内容

| | |
|---|---|
| 症状（息切れ・息苦しさ）の安定 | ・喫煙している人は禁煙が不可欠。受動喫煙も防ぐ。<br>・処方された薬や吸入剤を正しく使用する。<br>・安楽な呼吸ができるように口すぼめ呼吸や腹式呼吸を練習する（呼吸リハビリ）。<br>・症状に合わせた運動をする（体力・筋力向上と感染症への抵抗力をつけるため）。<br>・普通の人より呼吸にエネルギーを使うので、高エネルギー、栄養バランスの良い食事を摂る（3回食では摂取できないため、間食を摂る等食事回数を増やす工夫が必要）。<br>・入浴時は胸部に水圧の負担がかからないよう半身浴を行う。 |
| 急性増悪の予防 | ・風邪やインフルエンザにならないように心がける（なるべく人ごみをさけ帰宅時の手洗い、うがいなど、口腔ケアや十分な睡眠、栄養バランスのとれた食事、室内の加湿など）。<br>・インフルエンザ・肺炎球菌ワクチンの予防接種を受ける。 |
| 在宅酸素療法施行中の日常生活 | ・酸素の吸入量や時間を守る（入浴時やトイレ、外出時の吸入量を確認する）。<br>・酸素を吸いながらの火の取り扱いは絶対に禁止。<br>・酸素濃縮装置の周囲2〜3mは火気厳禁とする。<br>・携帯用ボンベをもって外出する際には道中で酸素が切れてしまわないように気をつける。<br>・道中での息切れへの対処ができる（目的地までの休憩場所の確保など）。<br>・緊急時の対応ができる（緊急時連絡カードの携帯）。 |

## ケアマネジャーが押さえたいポイント

　慢性閉塞性肺疾患をもつ高齢者は、息切れ・息苦しさによる苦痛や不安を常に抱えています。そのため、生活全般にQOLの低下が起こり、意欲の低下を招きがちです。自尊心を高め、できるだけ本人の希望する生活や活動ができるように支援しましょう。大切なことは、息切れ・息苦しさによる苦痛や不安を軽減するその高齢者に合った自己・家族管理（セルフケア）です。

　図表2-10は一般的なセルフケアの内容です。ケアマネジャーは該当する利用者について主治医と情報を共有しておきましょう。

〈異常サインと対応〉

　症状が安定していても、息切れや呼吸困難、咳の回数や痰の量が多くなり、急激に悪化することがあります。呼吸困難が重度化すると死亡することもあります。普段の状態を把握し、どのような状態になったら主治医や看護師へ連絡すればいいのか、事前に確認しておきましょう。

- 息苦しくて歩行できない
- くちびるや爪にチアノーゼがみられる
- 酸素濃度（$PaO_2$）の低下
- 動悸
- 意識の低下
- 気管支拡張薬などの効果がない

→ ただちに主治医や看護師へ連絡し、状態を伝え、対応方法を聞きましょう。

---

- COPDはとにかく苦しく、進行性で治らない疾患だと理解して、療養生活に対する気持ちに耳を傾けましょう。
- 息切れ・息苦しさ等による苦痛や不安を軽減するために自己管理が大切であることを理解して支援しましょう。

# 06 高齢者によくみられる疾患❻ 認知症

> **POINT**
> 認知症は加齢が一番のリスクであるため、有病率は高齢になるほど増えます。ケアマネジャーが認知症の人を担当するケースも多いため、基礎知識を身につけておきましょう。

## 認知症とその種類、特徴

　認知症は、脳の病変によって複数の認知機能が低下し社会生活に支障をきたす状態であり、さまざまな原因からなる症候群です。すべての人に現れる認知機能障害（中核症状）と、人によって現れ方が異なる行動・心理症状（BPSD）に分けられます（図表2-11）。

**図表2-11** 認知症の中核症状と行動・心理症状（BPSD）

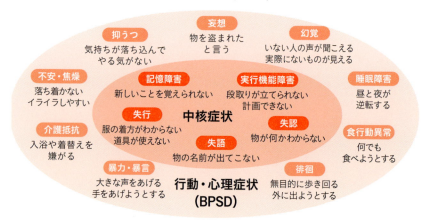

**06 高齢者によくみられる疾患❻認知症**

**図表2-12** 主な認知症の種類とその特徴

| | アルツハイマー型認知症 | レビー小体型認知症 | 血管性認知症 | 前頭側頭葉変性症 |
|---|---|---|---|---|
| **脳の変化** | 老人斑や神経原線維変化が、海馬を中心に脳の広範に出現する。脳の神経細胞が死滅してゆく | レビー小体という特殊なものができることで、神経細胞が死滅してしまう | 脳梗塞、脳出血などが原因で、脳の血液循環が悪くなり、脳の一部が壊死してしまう | 大脳の前頭葉・側頭葉が萎縮する |
| **初期症状** | 物忘れ | 幻視、妄想、うつ状態、パーキンソン症状 | 物忘れ | 身だしなみに無頓着になる。同じ言葉や動作を繰り返す |
| **特徴的な症状** | 認知機能障害（物忘れ等）物盗られ妄想徘徊とりつくろい、など | 認知機能障害（注意力・視覚等）認知の変動幻視・妄想パーキンソン症状睡眠時の異常言動自律神経症状、など | 認知機能障害（まだら認知）手足のしびれ・麻痺感情のコントロールがうまくいかない、など | 比較的多いのが、コンビニなどよく行くお店で品物を持ち去る。仕事や家族、趣味などに興味を示さなくなる、など |
| **経過** | 記憶障害から始まり広範な障害へ徐々に進行する | 調子が良いときと悪いときを繰り返しながら進行する。時に急速に進行するときもある | 原因となる疾患によって異なるが、比較的急に発症し階段的に進行する | 進行はゆっくりで年単位で進行 |

　認知症を引き起こす病気はたくさんあります。脳の細胞がゆっくり死んでいく変性疾患と呼ばれる病気で最も多いアルツハイマー型認知症をはじめ、前頭側頭葉変性症、レビー小体型認知症、血管性認知症等があります。

　アルツハイマー型認知症に続いて多いのが血管性認知症です。血管性認知症では、脳梗塞、脳出血、脳動脈硬化等で神経細胞に栄養や酸素が行き渡らなくなった結果、その部分の神経細胞が死んだり、神経のネットワークが壊れます（図表2-12）。

## 治療

　認知症には根本的な治療方法はなく、薬物療法と非薬物療法に分けられます（図表2-13・2-14）。原因疾患によって治療法や対応が異なるため、鑑別診断が重要です。早期治療が進行を遅らせる可能性もあり、生活能力の維持にもつなが

ります。BPSDに対する薬は、妄想や攻撃性には抗精神病薬（リスパダール、セロクエル等）、うつ症状には抗うつ薬（レスリン、デジレル、SSRI等）、不安・焦燥には抗不安薬（ベンゾジアゼピン系）、睡眠障害には睡眠導入剤（マイスリー等）が少量から用いられます。興奮や睡眠障害には漢方薬（抑肝散）が用いられることもあります。

**図表2-13** アルツハイマー型認知症（AD）治療薬の効能と副作用

| | アルツハイマー型認知症（AD）治療薬一覧 | | | |
|---|---|---|---|---|
| 一般名 | ドネペジル塩酸塩 | ガランタミン臭化水素酸塩 | リバスチグミン | メマンチン塩酸塩 |
| 販売名 | アリセプト | レミニール | イクセロンパッチ／リバスタッチパッチ | メマリー |
| 効能・効果 | アルツハイマー型認知症における認知症状の進行抑制 | 軽度・中等度のアルツハイマー型認知症における認知症症状の進行抑制 | 軽度・中等度のアルツハイマー型認知症における認知症症状の進行抑制 | 中等度・高度アルツハイマー型認知症における認知症症状の進行抑制 |
| 副作用 | 悪心、嘔吐、下痢 | 吐き気、嘔吐 | 適応部位皮膚症状 | 浮動性めまい、頭痛、便秘、傾眠 |
| 重症度 | 軽度〜高度 | 軽度・中等度 | 軽度・中等度 | 中等度・高度 |
| 剤形 | 錠剤、OD錠、細粒、ゼリー、ドライシロップ | 錠剤、OD錠、液剤 | 貼付剤 | 錠剤、OD錠 |

**図表2-14** 認知症の非薬物リハビリテーション

# ケアマネジャーが押さえたいポイント

　利用者1人ひとりの症状を把握して、気持ちに寄り添い、人として尊重してかかわることが基本です。まずは利用者が認知症と診断された経過や治療、服用している薬剤について知りましょう。その治療で症状が不安定であれば、主治医に生活に支障のある事柄を伝えましょう。原因は便秘や脱水、体調不良、光や音の刺激、介護者の不適切な対応等をはじめ、薬の副作用等も多いので、処方されている薬やその副作用についても知っておく必要があります。

　また、現在は安定している状態でもこの先どんな症状が出てくるのか、どうなっていくのか等の予後予測の視点も必要です。主治医に定期的にBPSDの状態を報告し、今後の症状変化の可能性を確認しましょう。適切な治療とケアの質が、病状やその後の経過に大きく影響を与えます。適切な治療とケアにより病状は安定し、進行も穏やかになりその人らしい生活が可能となります。

## ＜異常サインと対応＞

　認知症の高齢者は自分自身の状態や症状を上手に伝えることができません。心身の状態を観察し、他の病気に罹患した可能性があるサインを早期発見する必要があります。発見が遅れて重症化することがあるので、日頃の体調を知り、いつもと違う症状があれば主治医へ報告し、受診の必要性を相談しましょう。家族にも体調の変化があれば連絡してもらえるよう事前に依頼しておきましょう。

　BPSDは薬剤や身体症状から誘発されることもあります。例えば、便秘や下痢で腹痛や腹部不快感があると「トイレに行きたい!」と興奮する可能性もあります。

---

- 認知症高齢者は生活能力が低下し、さまざまな問題を抱えて生活しています。原因疾患と生活のしづらさを理解し気持ちに寄り添ったケアマネジメントに努めましょう。
- BPSDは、便秘や脱水、体調不良、光や音の刺激、介護者の不適切な対応、薬の副作用等で増悪することを理解しましょう。

# 07 高齢者によくみられる疾患❼
## がん

**POINT**
80歳以上の高齢者のがん罹患率は高いといわれています。がん（末期を含む）の特徴と治療を知り、ケアマネジャーがアセスメントをする際に、どこに気をつければよいのか確認しましょう。

## がんの特徴

通常の細胞が、何らかの原因で傷ついて異常な働きをする細胞に変わり、その細胞が増殖して腫瘍と呼ばれる状態になります。腫瘍のうち、悪性のものを「がん」と呼びます。腫瘍が良性か悪性かは、その性質によって判断されます。

## がん細胞の特徴

❶自立性増殖：人の正常な新陳代謝の都合を無視して、自立的に増殖を続け、止まることがありません。
❷浸潤と転移：周囲に滲み出るように広がったり（浸潤）、体のあちこちに飛び火（転移）して、次から次へと新しいがん細胞をつくります。
❸悪液質：ほかの正常細胞が摂取しようとする栄養を、どんどん奪ってしまうため、栄養が行き渡らず身体が衰弱してしまいます。

このうち、❶の特徴だけをもつものが良性腫瘍と呼ばれ、増殖のスピードもそれほど速くありません。❷❸の特徴をもつことで「がん」だとわかります。
一般に、高齢者のがんは増殖が遅く、比較的予後が良好と認識されていますが、高齢になるほど予後が悪化するがんもあるため、がんの種類によって個別的な対

### 図表2-15 がん発生のメカニズム

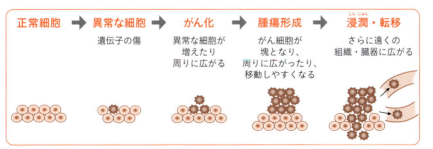

応が必要になってきます。

## 治療

　積極的がん治療は、❶手術療法、❷化学療法、❸放射線療法の3つが基本です。加えて、がん治療と並行して行う、患者の抱える全人的苦痛を緩和する治療を緩和ケアといいます。

### ❶手術療法

　がんが限局し、他臓器への転移がなければ、手術療法は第一選択肢となり、最も根治性が高い治療法です。反面、治療のために身体を傷つける侵襲が大きく、合併症の危険性が高いため、高齢者にとっては大きな決断が求められる治療といえます。

※侵襲による生体反応は、主に「頻脈・血圧上昇」「尿量の減少」「血糖の上昇」です。高齢者は複数の疾患を抱えていることが多く、合併症の危険性が高いといわれます。

### ❷化学療法

　がん細胞の増殖抑制を目的にして、薬物（抗がん剤）を用いた治療を総称して化学療法といいます。その目的は、❶治癒（治ること）、❷延命、❸症状緩和です。効果は年齢や全身状態によっても異なります。さまざまな副作用もあり、苦痛を伴うことが多いため、高齢者には負担がかかります。

### ❸放射線療法

機能や形態が温存でき、身体への負担もほかの治療に比べて少なく、治療後も高いQOLが得られる長所があり、小児から高齢者まで幅広く行われる治療です。一方で、治療終了までの期間が長く（約4〜6週間）、多くは通院治療であるため、高齢者には負担が大きいといえます。

そのうえ、全身倦怠感や悪心、貧血等の放射線障害を伴うため、侵襲が少ない治療ですが、高齢者には長く苦痛を伴う治療といえます。

いずれの治療も、高齢者には身体への負担、精神的な苦痛を伴う治療となるため、高齢者が納得した治療を受けられるための意思決定支援が医療サイドには求められます。

## がん末期の特徴

がん末期には医学的な定義はありませんが、がんが進行したことにより「現在、医療において可能な集学的治療の効果が期待できず、積極的治療がむしろ不適切と考えられる余命6か月以内と考えられる状態」です。実際には、予後予測は難しいといわれています。

症状として、がんによる炎症、がん細胞から分泌される物質による痩せ、呼吸や嚥下に必要な筋肉が萎縮することによる呼吸困難や嚥下困難が起きます。内臓機能の低下、抑うつやがん性疼痛を伴い、造血機能も低下してがん性貧血となります。また、腹水や胸水、浮腫なども現れてきます。

## がん末期の治療

対症療法（緩和ケア）になります。がん性疼痛に対しては、非麻薬性疼痛薬、麻薬性鎮痛薬および鎮痛補助薬を使用します。食欲不振や嚥下障害、発熱、吐き気や嘔吐、呼吸困難、喀痰困難、便秘、下痢、全身倦怠感、不眠等に対しては、苦痛を和らげるための薬剤を使います。

腹水による強い腹部膨満感、胸水による呼吸困難にはたまった水を抜く腹腔穿

刺や胸腔穿刺を行うことがあります。不安や恐怖心、悲しみなど、精神的な苦痛に対しては精神安定剤、抗不安薬、抗うつ薬等の薬物療法のほか、心理カウンセリングなどが行われることもあります。

## ケアマネジャーが押さえたいポイント

　がん（がん末期）の利用者のケアマネジメントに苦手意識をもっているケアマネジャーは少なくありません。その理由として、病気や医療制度に対する知識が乏しい、病状変化が速くプランの見直し頻度が多い、苦痛（身体的・精神的）にどう対応すればいいのかわからない、病状の予測と準備ができない等があるようです。

　しかし、ケアマネジャー1人で利用者をケアマネジメントするわけではありません。医療職種と密な連携を取ることで、がんの利用者の在宅生活を支えることができます。

　がんの症状は急性増悪も多く、変化時期の予測は難しいため、ケアマネジメントは月・週・日単位で考える必要があります。ケアマネジャーにとって大切な視点は、❶病状に合わせて適切なサービスを提供すること、❷利用者や家族に「しておきたいこと」はできるだけしてもらうこと、❸病状の変化を利用者や家族が受け止めていく支援をすることです。

❶まず入院中に病状等を知るために主に以下の情報収集をしましょう。

・病名と今後予測される状態の変化、余命等

・病名、余命の告知状況と利用者、家族がそれをどこまで理解しているか

・状態変化によりADLや生活上にどのような支障をきたすことが想定されるか、現状での車椅子や介護ベッド等の福祉用具の必要性等

　在宅生活開始後は医師や訪問看護師と連携して、タイムリーな状態把握を心がけ、必要なサービスが導入できるようにしましょう。

❷入院中に、利用者に自宅に帰ることをどう思っているのか、自宅での療養生活に対する思いや不安、わからないことなど気持ちに寄り添いながら話を聴きましょう。家族にも同様に話を聴きましょう。

❸在宅生活を開始して生活が安定してきた頃に、本人がしておきたいこと、会いたい人、家族にしてあげたいことを聴きましょう。

　本人がしておきたいことを聴き、現実に実施することが可能かどうかを医療職とともに検討し取り組みましょう。

❹死の受容の5段階プロセス（キューブラー・ロスの死の受容過程）を理解して、本人や家族の精神的な苦痛をなるべく軽減する努力をしましょう。

---

1.否認：自分が死ぬことは嘘ではないかと疑う段階

2.怒り：なぜ自分が死ななければならないのかという怒りを周囲に向ける段階

3.取引：何とか死なずにすむように取引をしようと試みる段階
　　　　（何かにすがろうという心理状態）

4.抑うつ：何もできなくなる段階

5.受容：最終的に自分が死に行くことを受け入れる段階

---

ただし、必ずしもこの順番通りの経過をたどるわけではないため、昨日と今日

とで話す内容が全く違うこともあります。こうした心理過程を理解し、本人や家族の気持ちを受容し、寄り添った支援を心がけましょう。

＜病状変化期の対応＞

　末期がんの利用者は、いつかは病状が進行していきます。しかし、病状の変化がいつ起こるかは医師にも正確に予測できません。ケアマネジャーは、以下の視点をもちましょう。

❶日頃から医師や訪問看護師と連携（連絡）できる体制を整えておく。

❷病状の変化が起こる可能性について事前に聞いておく。

❸病状の変化が起きたら、家族等に連絡をしてもらい、迅速に利用者に会って状況を把握する。

❹現状を把握したらプランの変更等について医師や看護師と相談する。

❺緊急時対応できる体制をプランに載せておく。

・さまざま部位（消化器系、呼吸器系、生殖器系等）のがんについて、その状態や症状、治療等の知識を身につけましょう。

・末期がんの利用者をケアマネジメントするには、疾病の理解や治療内容、状態の把握、身体・精神症状の変化等の医療知識が必要です。不足する知識は医療職との連携によりカバーしましょう。

# 08 高齢者によくみられる疾患❽
# パーキンソン病

**POINT**
高齢者に起こりがちな治療・生活の問題とケアのポイントを押さえましょう。利用者や多職種に対して、何に気をつけなければならないのか示す際の留意点を確認しましょう。

## パーキンソン病とは

　パーキンソン病は、大脳の下にある中脳黒質にある神経細胞の変性・脱落により、大脳線条体への神経伝達物質ドパミンの量が減少して起こる、進行性の神経変性疾患です。運動の指令が全身の筋肉にうまく伝わらなくなり、運動障害を伴います。発症年齢は50〜70歳代に多いですが、高齢になるほど発病率が増加します。40歳以下で発症するものは若年性パーキンソン病と呼ばれます。

**図表2-16　中脳の位置と断面**

**ドパミンは中脳の黒質でつくられる**

中脳の位置：大脳／脳幹／中脳／小脳／きょうえんずい

中脳の断面：運動指令放出／大脳／運動指令放出／線条体／神経線維

スムーズな運動が行える

- 放出されたドパミンが伝わっていくことで身体運動がスムーズに行われる
- ドパミンは「線条体」に運ばれ、放出される
- **黒質**：中脳の中にある黒く見える組織（メラニン色素の集まり）。ドパミンはここでつくられる

08 高齢者によくみられる疾患❽パーキンソン病

図表2-17 パーキンソン病による脳の変化

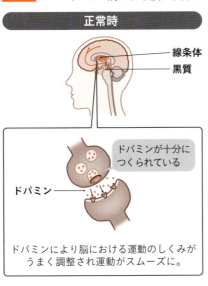
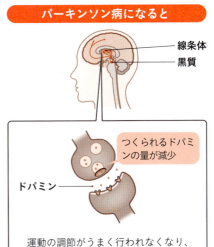

## 症状

### 【運動症状】

- 4大症状：振戦、筋固縮（筋強剛）、動作緩慢、姿勢反射障害
- 運動障害：すくみ足、小刻み歩行、突進現象、転倒

図表2-18 パーキンソン病の4大症状

・姿勢保持障害（前屈姿勢、首下がり）、仮面様顔貌

**【非運動症状】**

・自律神経症状：便秘、排尿障害、起立性低血圧、嚥下障害、発汗、よだれ
・精神症状：抑うつ、不安、幻覚、妄想、認知機能障害
・睡眠障害：不眠、日中過眠

# 症状や障害の進行度（重症度）

　パーキンソン病の病気の進行度（重症度）を示す指標として、通常「ホーエン・ヤールの重症度分類」と「生活機能障害度」が用いられています（図表2-19）。パーキンソン病は通常身体の片側から症状が始まり、進行すると身体の両側に症状が広がります。「ホーエン・ヤールの重症度分類」では、このような症状の進行に沿って、ふるえなどの症状が片方の手足のみである場合をⅠ度、両方の手足にみられる場合をⅡ度、さらに病気が進行し、姿勢反射障害（体のバランスの障害）がみられるようになった場合をⅢ度、日常生活に部分的な介助が必要になった場合をⅣ度、車椅子での生活や寝たきりとなった場合をⅤ度としています。生活機能障害度は生活機能の障害の程度に応じて1〜3度の3段階に分類されています。なお、ホーエン・ヤールの重症度分類Ⅲ度以上、生活機能障害度2度以上の場合は、特定疾患医療費補助制度が受けられます。

# 治療

　病気の進行を止める治療法は現在までのところ開発されていません。すべての治療は対症療法で、症状の程度によって適切な薬物療法や手術療法を選択します。

　治療の中心は、主に薬物療法による症状のコントロールです。薬物療法と並行して運動療法（リハビリテーション）を継続することにより、運動機能の低下を遅らせたり廃用症候群を予防することができます。また音楽療法や聴覚による音リズム刺激を利用した歩行訓練は、歩行障害だけでなくうつ状態の改善にも効果があるといわれています。手術療法もありますが、薬物療法と比べてリスクを伴うので、主治医とともに十分な検討が必要となります。

### 図表2-19 ホーエン・ヤールの重症度分類と生活機能障害度

| ホーエン・ヤールの重症度分類 | | 生活機能障害度 |
|---|---|---|
| Ⅰ度 | 症状は片側の手足のみに出現。 | Ⅰ度 介助がなくても、日常生活や通院が可能。 |
| Ⅱ度 | 症状は両側の手足に出現。 | |

**以下より特定疾患医療費給付制度の対象範囲**

| | | |
|---|---|---|
| Ⅲ度 | 姿勢反射障害が出現。 | 2度 日常生活や通院に介助が必要。 |
| Ⅳ度 | 起立や歩行はかろうじてできるが、日常生活に部分的な介助が必要なこともある。 | |
| Ⅴ度 | 起立や歩行が困難となり、日常生活に介助が必要となる。 | 3度 全面的な介助が必要。 |

## 薬の作用・副作用

　パーキンソン病治療の基本薬はL-dopa（レボドパ）とドパミンアゴニストです。レボドパは服薬期間が長くなると効果が短くなってきます。そのため、レボドパの効き目によってパーキンソン病の症状が抑えられている「onの状態」と、レボドパの効果が弱くなってパーキンソン病の症状が現れてしまう「offの状態」が繰り返されるようになります。この現象を、英語ですり切れるという意味のウェアリングオフ現象と呼びます。症状が不安定になってくると薬の服用時間とは関係なくonとoffの状態を繰り返すようになります（オンオフ現象）。レボドパを過剰

図表2-20 パーキンソン病の治療の中心

薬物療法：きちんと服用し、体を動かしやすい状態に維持

＋

リハビリテーション（有酸素運動・筋肉運動）：初期から積極的にリハビリを行う

に服薬すると、自分の意思とは無関係に身体が勝手に動くレボドパ誘発性の不随意運動（ジスキネジア）が出現します。ドパミンアゴニストはレボドパの副作用を克服するために開発された薬で、薬効の変動、ウェアリングオフ現象やジスキネジアが生じにくいことがわかっています。しかし、レボドパより効くのに時間がかかり、吐き気や幻覚・妄想などの副作用に注意が必要です。症状の出現の程度、治療効果、副作用などに応じて薬剤の選択が考慮されます。

## ケアマネジャーが押さえたいポイント

　パーキンソン病は、進行は穏やかですが、罹病期間が長くなるに従い、症状が進行していく疾患です。病状の進行の速度は個人によって異なるため生活障害の内容も異なり、以下のアセスメント項目の確認が重要です。そのためには早期に訪問看護、訪問リハビリテーションを導入し状態に合った支援ができるようにしましょう。

**❶症状・障害の状態**
　発症後の経過、運動症状・非運動症状の出現の有無と程度。症状や障害の進行（ホーエン・ヤールの重症度分類、生活機能障害度）

**❷日常生活動作**
　・食事：摂食動作、嚥下機能
　・排泄：排泄動作、便秘・排尿障害の有無、下着の汚染の有無

・清潔・更衣：入浴などの清潔動作、衣類の着脱動作

・コミュニケーション：小声、構音が不明瞭になっていないか、どもるなどの症状がないか、発語の聞き取りやすさ、文字の読み取りやすさの程度

### ❸服薬状況

・服薬している治療薬について、服用開始時期と服用期間、服薬管理状況

・薬効、副作用の症状の有無と程度、1日の症状変化（ウェアリングオフ現象）と内服時間

### ❹疾患の理解

本人と家族の疾患経過の理解、治療の理解、疾患や治療の受け止め方、療養生活に対する受け止め方、予後の不安など

## 悪性症候群とは

パーキンソン病治療薬は高齢者が陥りやすく注意が必要な「悪性症候群」が起こる可能性があります。発熱、意識障害、全身硬直などを生じる重大な副作用で、致死的な転帰をとることがあります。薬の中断や脱水、低栄養、感染症などが誘因となるので、リスクとして確認しておきましょう。発熱を認めたときは直ちに主治医に報告しましょう。

また、利用者によって起こりやすい症状や生活の留意点が違うので主治医に確認しながら支援チームと共有し、症状が現れた場合は主治医に報告できるようにしましょう。

・パーキンソン病は、進行は比較的穏やかですが病状の進行は個人差があるため生活障害の内容も異なります。

・薬物療法が中心となり、適切な服薬により発症から10年ほどは普通の生活が送れることが多いようです。服薬管理が重要になることを理解しましょう。

・パーキンソン病薬の副作用を理解し、悪性症候群に陥らないように医療チームと観察点を共有しリスク管理できるようにしましょう。

# 医療職につなぐ
# ための医療知識❷
## 高齢者によくみられる症状

**3**

## CONTENTS

01 高齢者によくみられる症状❶脱水

02 高齢者によくみられる症状❷排泄障害

03 高齢者によくみられる症状❸易感染

04 高齢者によくみられる症状❹摂食・嚥下障害

05 高齢者によくみられる症状❺スキントラブル

06 高齢者によくみられる症状❻転倒・骨折

# 01 高齢者によくみられる症状❶
## 脱水

> **POINT**
> 高齢者は自覚症状が乏しく脱水のリスクが高いといわれます。脱水になりやすい原因と症状を理解し、利用者に気をつけてほしいこと等、具体的な留意点を確認しましょう。

## 脱水はなぜ起こる?

　人が生きていくためには水分が不可欠です。体内の水分量は年齢によって変化し、歳を重ねるにつれて水分量は減少します（図表3-1）。

　高齢者は、腎機能の低下など機能的に水分が体内に貯留しにくく、尿として排泄されやすくなります。高齢者は口渇の感度も鈍くなっていて、水分量が低下していてものどの渇きを感じにくいため、脱水になっていても自覚がなく、水分を摂らないケースがみられます。尿失禁や頻尿などの排尿障害に悩んでいる高齢者も多く、排尿回数を減らすために水分を控えるケースも少なくありません。

　高血圧などで日常的に降圧剤を服用している人は、降圧剤のなかには利尿作用を含んでいるものがあり、脱水の一因になります。居住環境も高齢者の脱水リスクを高めます。夏の猛暑でも冷房を使わずに室内で生活し、発汗に見合うだけの水分と塩分を摂らない（摂れない）人もいます。

　一方、冬でも暖房器具や衣類の重ね着によって、不感蒸泄が増えることで脱水のリスクが高くなります。

## 脱水の症状は?

　脱水が疑われる徴候を表にあげました（図表3-2）。

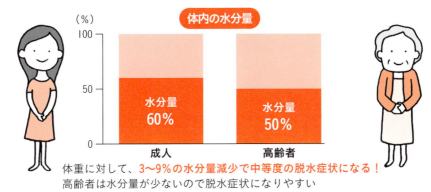

図表3-1 加齢に伴う身体構成成分の分布の変化

体重に対して、3〜9％の水分量減少で中等度の脱水症状になる！
高齢者は水分量が少ないので脱水症状になりやすい

図表3-2 脱水を疑う症状

- 皮膚がカサカサしている
- 口の中が乾いている
- 唇が乾いている
- 熱が出る
- 尿量が少ない
  （おむつの濡れている面積がいつもより小さい）
- トイレの回数が少ない
- いつもより汗をかいている
- 何となく元気がない
- 食欲がない
- 足がふらつく
- 眠れない　など

　高齢者は症状の現れ方が非定型であることに注意しましょう。図表3-2以外に、転倒・転落、食欲低下、活気がなくなる、怒りっぽくなる等の症状もあります。認知症のある人の場合は、BPSDの悪化が脱水のサインとなっている場合もあります。

## 脱水だと思ったら……

　軽度の脱水の場合、口からの水分補給が可能な高齢者には、経口補水液等を飲んでもらいます。飲食が困難なほど衰弱している場合や、嘔吐、血圧低下、意識障害等がある場合、体調が急変して生命の危険を招く可能性もあります。状況判断で救急車を呼ぶ、主治医に連絡して対応を相談する等しましょう。

## 脱水症の予防とケア

　高齢者が必要な1日の水分摂取量は約1000〜1500mlだといわれています。ただし、体調や環境の変化によって、より多くの水分補給が必要な場合もあります。嚥下機能が正常な人は、食事以外にもお茶の時間を設けて、口渇感がなくても定期的に水を飲む習慣を日常生活に取り入れましょう。

❶夏季は脱水症の危険性が高くなるため、周囲が注意して、水分を補給しやすい環境を作りましょう。
❷発熱時や下痢、嘔吐をした際は水分補給が必要です。状態によって点滴治療も必要になるため、主治医や看護師に相談しましょう。
❸嚥下障害がある人の場合には、摂取するものにとろみを付けて、水分補給を勧めましょう。
❹嚥下障害の強い人は、脱水症状の程度に応じて、早急に医療機関で点滴による水分補給が必要な場合もあります。主治医に相談しましょう。

図表3-3　熱中症と脱水の違い

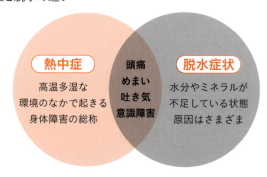

**01 高齢者によくみられる症状❶脱水**

## ケアマネジャーが押さえたいポイント

口渇などの自覚症状が乏しかったり、失語や認知機能の低下で症状が訴えられない、一人暮らしで周囲の目が行き届かないなど、発見が遅れやすいのも高齢者の特徴です。日頃の生活状況や健康状態（その人の正常時と異常時）を把握することが、早期発見・早期対応には重要です。図表3-4に挙げた因子が多くあてはまるほど脱水のリスクが高くなります。

**図表3-4** 脱水のリスクが高い高齢者の状態等

認知機能低下・うつ状態・尿失禁・糖尿病・うっ血性心不全・脳血管障害・精神障害・腎疾患・4つ以上の慢性疾患のり患・低栄養・感染症を繰り返す・脱水の既往がある・発熱がある・嘔吐や下痢を起こしている・嚥下障害がある・小食・経管栄養・水分摂取に介助を要する・口腔内に食物や水分をため込むもしくは吐き出す・流涎がある・5種類以上の薬を服用している・利尿薬、下剤、抗精神病薬、抗うつ薬、抗不安薬、ステロイドを服用している　等

・高齢者は季節に関係なく常に脱水のリスクがあります。水分が失われると容易に脱水になるので日頃の予防が大切です。利用者や家族に予防のポイントをわかりやすく伝えるようにしましょう。
・循環器や腎疾患等の疾患によっては水分制限が必要な高齢者も多いため、主治医に必要水分量を確認しておくことも重要です。

＼ まとめ ／

# 02 | 高齢者によくみられる症状❷
# 排泄障害

> **POINT**
> 排泄障害の原因と症状について理解しましょう。ケアマネジャーとして利用者や多職種に対して、何に気をつけなければならないのか示す際の留意点を確認しましょう。

## 排泄障害とは?

　排泄障害とは、何らかの原因で尿や便が出なかったり、失禁したり、頻繁になったりする状態です。高齢者の排泄障害が起こりやすい背景は、主に次の3点です。

### 1. 加齢に伴う排泄機能および全身機能の低下

　加齢に伴う機能の低下としては、膀胱の萎縮（蓄えられる尿量の低下）、腎機能の低下（夜間の頻尿）、膀胱や尿道・肛門括約筋の筋力低下、骨盤底筋の弛緩（出産の経験や更年期以降の女性の場合）があります。運動量の低下による腹筋や呼吸筋の低下により、いきむ力も弱くなります。寝たきり状態になり腸の蠕動運動の低下に加えて、仰臥位での排泄になると、さらにいきむことが難しくなります。便意も鈍くなり、便が直腸内にとどまりやすくなります。

### 2. 基礎疾患や薬剤の服用

　腎泌尿器疾患のほかに、心疾患、高血圧、糖尿病、前立腺肥大症など、疾患そのものが排泄機能の障害を起こします。高齢者は多くの薬剤を服用していることが多く、薬剤が排泄障害の原因となっていることもあります。

### 3. 認知症、脳血管疾患等による症状・後遺症やADLの低下

　認知機能の低下や麻痺などの後遺症により尿意・便意がわからない、伝えられない、下着の上げ下げ等が困難、廃用症候群で間に合わない等、排泄動作に直結する心身機能の低下が原因にもなります。

## どのような症状？

　排泄障害を大きく分類すると、「（尿・便を）ためる障害（蓄尿障害・蓄便障害）」と「（尿・便を）出す障害（排尿困難・排便困難）」、排泄動作の障害は「機能性（尿・便）失禁」に分けられます（図表3-5）。

**図表3-5** 排泄障害の分類

|  | ためる障害 | 出す障害 | 排泄動作の障害 |
|---|---|---|---|
| 排尿障害 | ❶切迫性尿失禁<br>❷腹圧性尿失禁 | ❸溢流性尿失禁 | ❹機能性尿失禁 |
| 排便障害 | ❶下痢<br>❷便失禁 | ❸便秘 | ❹機能性便失禁 |

# 排尿障害

❶切迫性尿失禁：尿意を感じてトイレまで我慢できないことで起きます。頻尿、非常に強い尿意を感じたり、水の音や冷たいものに触っても尿意が誘発されることがあります。

❷腹圧性尿失禁：咳やくしゃみなど、腹部に力を入れたときに起こります。

❸溢流性尿失禁：尿道が何らかの原因で狭くなることで排尿が障害され、膀胱に尿が貯留して起こります。残尿感があったり、排尿困難なことが多いです。

❹機能性尿失禁：運動機能の低下や失行、認知症等によって起こります。

# 排便障害

❶下痢：液状（水分量の多い）または液状に近い便を排出する状態です。急性下痢の原因には、感染症や食物があります。4か月以上続くものを慢性下痢といいますが、潰瘍性大腸炎等の炎症性腸炎疾患、大腸がん、甲状腺機能亢進症、肝硬変等、消化・吸収能力の低下による下痢もあります。抗菌剤等下痢を起こしやすい薬剤の使用、高齢者の場合、下剤の不適切な使用が原因の場合もあります。

❷便失禁：便意が我慢できない、無意識のうちに便が漏れる等をいいます。便失禁は肛門括約筋のはたらきが低下するために起こります。加齢により骨盤底の筋肉全体が弱くなること、直腸の感覚が鈍くなること、下剤の乱用が失禁の要因となることもあります。便意を感じないまま自然に便が漏れてしまう漏出性便失禁と、便意をもよおしてからトイレに行くまで我慢できず失禁してしまう切迫性便失禁、これらの両方を併せもつタイプがみられます。

❸便秘：便秘には、排便回数が少ない（3日に1回未満、週2回未満）、便量が少ない、便が硬い、いきまないと出ない、残便感がある、便意を感じないなど多様な訴えが含まれます。一般に年齢とともに増加し、男性よりも女性に多くみられます。ほとんどの便秘は、腸のはたらきに原因があります（機能性便秘）。大腸の便を送り出す力が弱いと、便の回数や量が少ないタイプの便秘になります（弛緩性便秘）。直腸のはたらきに原因があると、便意を感じない、

いきんでも便が出にくいタイプの便秘になります（直腸性便秘）。大腸の緊張やけいれんにより、便が滞りやすいために起こる便秘もあります（けいれん性便秘）。腸のはたらきに影響を与えるものとして、食事、生活習慣、運動、ストレス等があります。

# 排尿障害・排便障害のアセスメント・対処方法

排泄障害・排便障害の種類に応じて、適切な対処方法、排泄用具の選択が求められます。

❶排泄の状況：利用者の排泄の状態や排尿障害・排便障害のおおよその特徴を知ることが必要です。排泄（尿意・便意）や、失禁の有無、排泄の回数と時間帯、量、状態等を確認しましょう。

❷排泄場所と方法：トイレやポータブルトイレ、オムツ、尿便器の使用等、どこで排泄しているのか、介助の必要性と方法を確認しましょう。

❸排泄用具と介助：利用者の状況にあった適切な用具が利用されているか、適切な介助ができているか確認しましょう。

❶から❸を確認し、利用者の自立度や排泄パターンに応じた適切な排泄コントロールが求められます。例えば、排尿コントロールであれば、飲水、食事の時間帯や摂取量と排尿時間・排尿量を突き合わせて排尿リズムを整えます。排便コントロールでは、同様に生活時間の過ごし方や生活習慣、排便周期を把握し、食生活や身体活動などを含めた生活リズムを整えます。少しでもコントロールできれば、排泄リズムもでき、本人・家族にとって日中活動も広がりQOLが向上します。介護負担の軽減にもつながります。

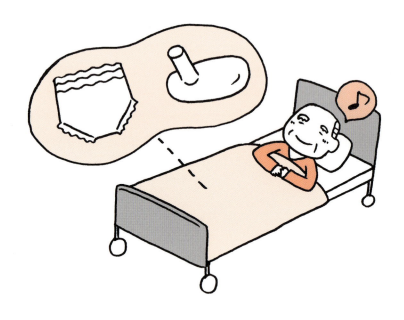

## 主治医や看護師に連絡しないといけない症状

排尿状態の異常：発熱、排尿時の痛み、尿意があるのに尿が出ない（閉尿）、血尿、残尿感、腰や腎臓のあたりが痛む等
排便状態の異常：いつもよりひどい下痢・便秘、発熱、腹痛、嘔気・嘔吐、血便、黒い便や白い便が出る等

## ケアマネジャーが押さえたいポイント

　高齢者の排泄障害は、加齢に伴う変化・疾患・後遺症・生活状況など、要因が多岐に渡ります。そのため、医師、看護師、セラピスト、栄養士、介護職なども交えたチームでアセスメントし、問題解決に向けた支援策を検討します。
　ケアマネジャーは前ページで示したアセスメントの視点を参考に、利用者、家族に情報提供しましょう。ケアマネジャーと多職種が得た情報が、利用者の排泄支援の具体的なタイミングや方法の道筋を見出すことができます。また、異常時

**02 高齢者によくみられる症状❷排泄障害**

に的確に医療につなげられるよう、チームでアセスメント情報を共有しておくことも大切です。

　排泄支援を受けることは、排泄する姿や陰部、臀部、また自分の排泄物を他人に見られることになり、恥ずかしく苦痛なことです。利用者の自尊心を傷つけてしまう要素が多分に含まれるため、尊厳を守る意識が非常に重要であり、支援を受ける高齢者の気持ちに十分に配慮する必要もあります。

　家族（介護者）にとっても、排泄介助は大きなものです。家族への配慮と支援にも留意しなければなりません。

・排泄は、生命維持や健康の保持に欠かせない機能の一つでもあり、快適な日常生活を営むうえでの重要な活動であることを理解しましょう。
・排泄障害を理解し、多職種において連携を図りながらケアマネジメントしましょう。
・排泄にかかわる支援は、自尊心を傷つけることがないよう、利用者の尊厳を守るという意識を常にもっておくことが求められます。

**まとめ**

# 03 | 高齢者によくみられる症状❸
# 易感染

> **POINT**
> 高齢者は易感染状態にあります。代表的な感染症を知り、ケアマネジャーとして利用者や多職種に対して、何に気をつけなければならないのか示す際の留意点を確認しましょう。

## 易感染とは?

　易感染とは、免疫機能が低下し、細菌やウイルス等の病原菌に感染しやすくなっている状態をいいます。高齢、病気、手術直後、低栄養等の理由で免疫機能が低下している人は、健康な人が感染しないような病原菌やウイルスにも感染しやすく、易感染状態にあるといえます。高齢者は身体機能の低下や慢性疾患により、免疫機能が低下します。病原菌やウイルス等への対処能力が弱くなるため、感染症にかかりやすくなります。また、感染の徴候である発熱等の症状がはっきり現れず、感染症の診断が遅れ、重症化することもあります。

　高齢者の感染症で頻度の多いものとして、呼吸器感染症・尿路感染症・腸管感染症があります。病院や施設で過ごす高齢者は、集団感染の原因となるインフルエンザやノロウイルス等の病原体に感染するリスクも高くなります。

## 代表的な感染症

### 呼吸器感染症

　呼吸器感染症は、広がりや部位、重症度、原因となる病原微生物（一般細菌、ウイルスなど）により、上気道炎・気管支炎・気管支肺炎・肺炎に区別されます。基本的には肺炎等に至るまでの病変の進行過程と考えられます。

**図表3-6** 呼吸に関係する器官

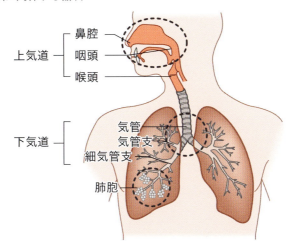

### ❶急性上気道炎（いわゆる風邪症候群）：比較的軽い呼吸器感染症

　発熱、軽い咳や痰、鼻水やくしゃみ、咽頭の痛みがあり、咽頭の発赤も軽度で発熱を伴わない場合もあります。

### ❷急性気管支炎：肺炎に進行する可能性がある

　急性上気道炎と同じ症状が強くなったり、発熱を伴った場合で、全身倦怠感、頭重感等の症状もあります。咳による胸の痛み等がみられることもあります。

### ❸気管支炎：肺炎に至る手前の状態

　肺炎に至る経過として現れると考えてよいものです。咳、黄色の痰、胸痛、3日以上続く発熱、食欲低下、全身倦怠感等がみられます。

### ❹肺炎：高齢者にとって重大な感染症

　発熱、咳、痰、呼吸困難、全身倦怠感、胸痛、食欲低下等、気管支炎よりさらに症状が強くなります。肺炎が重症化している場合は、チアノーゼ（唇や爪が青紫色になる）が現れることがあります。重症化すると回復や完治が難しく死亡率も上がっています。

## インフルエンザ

　主に、咳やくしゃみによる飛沫感染によって拡大し、1〜3日間潜伏期間を経て症状が現れます。普通の風邪と異なり、突然現れる悪寒、38℃以上の発熱、頭痛、倦怠感、筋肉痛、関節痛等の全身症状に続いて、咽頭痛、鼻汁、咳、痰等の気道炎症状を伴います。

　新型インフルエンザは、インフルエンザと同様の症状が出現しますが、胃腸症状として、胃部不快感や嘔吐、腹痛、下痢といった症状を伴う場合があります。高齢者は重度化しやすく、脱水や肺炎等の合併症を起こす可能性があります。また安静を強いられるとADLが低下して、日常生活の自立が困難になる可能性があります。

## ノロウイルス（感染性胃腸炎）

　1年を通して発生するもので、特に冬季（12月〜3月）に流行します。主に手指や食品等を介して経口で感染し、腸管で増殖します。潜伏期間は1〜2日で、主な症状は、悪心、嘔吐、腹痛、下痢（時に血便）ですが、頭痛、発熱、悪寒、筋肉痛、咽頭痛、倦怠感を伴うこともあります。

　こうした症状が1〜2日間続いた後に治癒します。症状が消失して1週間〜1か月程度の期間、ウイルスが便から排泄されます。高齢者の場合は、免疫力の低下、予備力の低下から症状が長引く場合があり、脱水になったり、吐物の誤嚥による窒息や肺炎により死亡することもあります。また、安静を強いられていると、ADLが低下して、生活の自立が困難となる場合があります。

# ケアマネジャーが押さえたいポイント

　高齢者は感染症を発症しても、初期にはしばしば発熱やその他のはっきりした症状が現れずに、感染症の診断が遅れることがあります。

　呼吸器の病気、心臓病、糖尿病などの基礎疾患がある人は、特に注意が必要です。診断が遅れることによって衰弱し、栄養状態の悪化や呼吸不全、心不全の増悪を招き、重症化する場合があります。そうならないよう早期に適切な治療につなげる必要があります。

03 高齢者によくみられる症状❸易感染

図表3-7 高齢者の風邪で注意すること

ケアマネジャーは、利用者の日頃の状態を把握し、いつもと違う変化に気を配り、予防的な関わり、早期発見、早期治療を意識することが重要です。どのような症状になれば主治医へ連絡する必要があるのか等を利用者個々に明確にしておき、ケアチームとも共有しておく必要があります。

また、感染予防の基本は、感染させないこと、感染源を「持ち込まない・広げない・持ち出さない」ことが基本となります。

感染を予防するためには、❶手洗いやうがい、❷インフルエンザワクチンの接種、❸肺炎球菌ワクチンの接種が基本となります。高齢者にかかわる人は、感染予防は自分を守ることでもあり、ひいてはそれがケアを受ける高齢者を守るためでもあることを理解しましょう。

> - 高齢者は感染しやすく、罹患しても発見が遅れやすいため、重症化する危険があります。ケアマネジャーは日頃の状態を把握し、いつもと異なるサインが出現したら医療職につなぐよう、異常なサインをチームで共有しておきましょう。
> - 高齢者は感染症にかかりやすいため、予防が重要です。予防対策もチームで共有しましょう。

# 04 高齢者によくみられる症状❹ 摂食・嚥下障害

**POINT**
摂食・嚥下障害の原因・症状を理解することはもちろん、ケアマネジャーは予防するための利用者や多職種への働きかけが大切です。

## 摂食・嚥下障害はなぜ起こる?

　摂食とは（動物が）食物を摂ること、嚥下とは飲み下すこと、口腔内の食物を胃に送り込む過程をいいます。

　摂食・嚥下のプロセスは、以下のとおりです。❶先行期（認知期）：食物を見たり、においをかいだり触れたりして認知し、何をどのくらいどう食べるかを決めて行動します。❷準備期（咀嚼期）：食物を口に入れて噛み砕き（咀嚼）、舌でまとめて咽頭へ送りやすい形（食塊）にします。❸口腔期：食物を口腔から咽頭の方向へ移送させます。❹咽頭期：嚥下反射により咽頭から食道へ食物を移送させます。❺食道期：蠕動運動により食道から胃へ移送させます（図表3-8）。

　高齢になると、❶～❺の過程がスムーズにいかなくなります。食べるのに必要な筋肉の収縮力の低下や歯の欠損、口腔の感覚や唾液分泌の減少により咀嚼能力が低下し、飲み込みにくくなったりします。嚥下反射が鈍くなったり、喉頭下垂等で食物が気管へ流れたりします。

　このように予備能力が低下した高齢者では、摂食・嚥下障害が起こりやすく、誤嚥性肺炎や窒息など重篤な合併症を引き起こす場合が少なくありません。

### 図表3-8　摂食・嚥下のメカニズム

## 引き起こす原因

摂食・嚥下障害の原因は、疾患や薬剤、加齢、廃用等、多岐にわたります。

### 摂食・嚥下障害をきたす疾患

脳梗塞・脳出血などの脳血管障害、パーキンソン病や多系統萎縮症、筋萎縮性側索硬化症（ALS）、重症性筋無力症などの神経・筋疾患等があります。高齢者では特に脳血管障害や認知症などが多くみられます。

### 加齢による摂食・嚥下機能への影響

高齢者は、味覚や嗅覚等の感覚機能、唾液分泌機能が低下します。食べるために必要な筋肉の収縮力が全般的に低下し、喉頭下垂が加わり、咀嚼・嚥下機能の低下をきたしやすくなります。

### 嚥下機能に影響する薬剤

高齢者は、複数の薬剤を服用する場合が多く、内服薬により摂食・嚥下障害を引き起こす可能性が高くなります。例えば、抗不安薬や睡眠薬、抗精神病薬、抗うつ薬等の服用により傾眠傾向となったり、食事摂取も低下し、生活リズムが崩れ、嚥下関連筋の低下をきたし、誤嚥する可能性が高くなります。

# 主な症状は?

・食べ物を飲み込むことが困難。

・飲み込むときにむせたり咳き込む。

・食べ物が口の中でひっかかったり、残ったりする。

・食べるのに時間がかかる。

・食べ物が口の中に逆流したり、吐いたりする。

・喉や胸に詰まった感じがする。

・口が渇いたり、反対に唾液が多い。

**図表3-9** 誤嚥の予防対策

| | |
|---|---|
| ❶ | 口の中をきれいにしましょう |
| ❷ | 食べた後すぐ横にならないようにしましょう |
| ❸ | 食べる前に「むせない」工夫をしましょう |
| ❹ | 噛む力や飲み込む力を維持しましょう |
| ❺ | 日頃から口の周りの筋肉を鍛えて、衰えを防ぎましょう |
| ❻ | 定期的に歯科医院を受診し、歯垢や歯石などをとってもらいましょう |

# ケアマネジャーが押さえたいポイント

## 摂食・嚥下のメカニズムを知る

高齢者と関係の深い障害であるため、摂食・嚥下のメカニズムを知りましょう。利用者に摂食・嚥下障害の症状があるなら、摂食・嚥下の各ステージで、どの程度の障害があるか主治医に評価してもらいましょう。また、予防の視点をもって、リスクを可能な限り減少させる支援方法を知っておきましょう。

## 窒息や誤嚥性肺炎のリスクに気をつける

一番のリスクは、唾液や食べ物が気管に入り（誤嚥）、窒息や誤嚥性肺炎を起こすことです。高齢者の場合は重症化しやすいので特に気をつける必要があります。そのなかでも、嚥下反射や咳反射が低下しているため、誤嚥を起こしていてもむせなかったり、睡眠中に唾液とともに口腔内の細菌を誤嚥したりする不顕性誤嚥

は発見や対応が遅れがちになります。

　誤嚥の予防（図表3-9）には口腔ケアを適切に行うことが重要となります。口腔ケアには器質的口腔ケアと機能的口腔ケアの2種類があります（図表3-10）。器質的口腔ケアの方法については歯科医師や歯科衛生士、機能的口腔ケアの方法については主治医、言語聴覚士と連携し、ケアやリハビリテーションが実施できるようにマネジメントしましょう。

図表3-10　口腔ケアの分類と概要

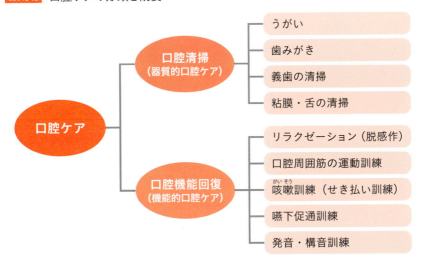

**まとめ**

・病気や障害によって摂食・嚥下障害が起こります。利用者に障害がある人は主治医に症状や予防法、今後のリスク等を確認し、適切なケアができるようにマネジメントしましょう。
・嚥下障害で最も起こりやすいのが誤嚥性肺炎です。誤嚥性肺炎の症状や予防するための対策も理解しておきましょう。

# 05 高齢者によくみられる症状❺ スキントラブル

> **POINT**
> 高齢者の皮膚の特徴や、スキントラブルの症状・治療やケアについて理解し、ケアマネジャーとして、その予防や対策について適切な対応について確認しましょう。

## 高齢者の皮膚の特徴

　高齢になると、皮膚は薄くなり乾燥します。皮膚表面の角質層が乾燥等によって剥がれやすくなり、その下の表皮の厚みも薄くなります。角質層は薄くなるだけではなく、きめが粗く、ところどころめくれたりひび割れたりします。皮膚の保水力も低下し、弾力や柔軟性が失われて、弾力を保つスプリングの働きをするコラーゲンの生成も不活発になります。そのため、皮膚の弾力が失われてシワができます。弾力の低下が一因ですぐアザができる老人性紫斑等、外部の衝撃によるダメージを受けやすくなります。こうした皮膚の特徴から、高齢者は皮膚トラブルのリスクが高いといえます。

## 主なスキントラブル

### 表皮の損傷（裂傷）

　表皮が薄く弾力が失われているために、少しの外的な刺激でも損傷を起こしやすくなります。例えば、腕や足がベッド柵に当たったり、打撲時や絆創膏等の医療用テープを剥がすときにも容易に表皮剥離することがあります。

### 図表3-11 成人と高齢者の皮膚の違い

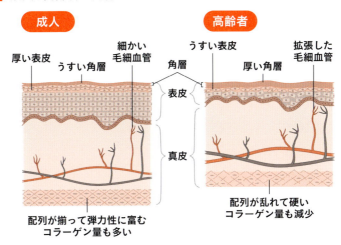

## おむつ内のスキントラブル

尿失禁および便や多量の発汗によるおむつ内の高温多湿が皮膚のバリア機能を低下させ、刺激の強い排泄物が臀部周囲に直接付着することで、皮膚が赤くなる発赤やびらん（粘膜のただれ）、表皮剥離等のスキントラブルが起こります。

## 皮膚真菌症

皮膚の真菌感染症は、カンジダ症と白癬症等があります。カンジダ症は密閉された湿潤した環境で発生し、乳房下、腋窩、会陰部、鼠径部等の皮膚同士の摩擦を受ける場所に好発します。症状は、くびれやしわに沿って赤くジクジクただれたような状態で湿った白っぽい薄皮が付着しています。時に小さな水泡がみられることもあります。おむつ内のスキントラブルとも併発します。白癬症は角質層の感染のため乾燥した状況でも進行することがあります。

これらの真菌感染症は、皮膚の浸軟、さまざまな刺激でバリア機能が低下しているうえに、栄養状態の低下や皮膚の不潔などの環境でも発生します。他に悪性腫瘍や糖尿病、抗菌剤やステロイド剤の長期連用も発生誘因となります。

## 褥瘡

### ・褥瘡とは?

　寝たきり等で、体重で圧迫されている場所の血流が悪くなったり滞ることで、皮膚の一部が赤い色味をおびたり、ただれたりすることです。一般的に「床ずれ」ともいわれています。

### ・褥瘡はなぜできるの?

　私たちは眠っている間は寝返りをうったり、長時間椅子に座っているときはお尻を浮かせる等して、同じ部位に長時間圧迫が加わらないようにしています（体位変換）。しかし、自分で体位変換できない方は、体重で長い時間圧迫された皮膚の細胞に酸素や栄養が十分行き渡らなくなり、褥瘡ができます。また皮膚の表面だけでなく、皮膚のなかにある骨に近い組織が傷ついている場合もあります。

### ・褥瘡はどんな人がなりやすいの?

　自分で体位変換ができず長期間寝たきりで、栄養状態が悪く、皮膚が弱くなっている人（高齢者、皮膚のふやけがある、むくみが強い、薬の副作用で免疫力が低くなっている）が、圧迫だけでなく摩擦やずれなどの刺激が繰り返されている場合は褥瘡になりやすいといえます。

　褥瘡になりやすいため注意しなければならない病気として、うっ血性心不全、骨盤骨折、脊髄損傷、糖尿病、脳血管疾患、慢性閉塞性肺疾患（COPD）があります。

### ・褥瘡のできやすい身体の部位は?

　骨が突き出した部位は強く圧迫されて、褥瘡ができやすくなります。寝ている体の向きや姿勢によって、褥瘡のできやすい部位は異なってきます（図表3-12）。

### ・褥瘡の治療は?

❶保存的治療：外用薬剤（塗り薬）・創傷被覆材（ドレッシング材）

❷物理療法：マットレス・クッション選択、体位変換、ポジショニング（シーティング）

❸外科的治療（手術療法）：原則、褥瘡ガイドラインに沿って最も適切であると判断される治療を進めていきます。

### 図表3-12 褥瘡のできやすい身体の部位

## ケアマネジャーが押さえたいポイント

### スキンケアの必要性を知る

　高齢者のスキントラブルを予防するためには、原因を排除することが重要となります。次に日常的な予防的スキンケアを行うことが必要です。洗浄するだけ、保湿するだけでは、皮膚の機能を良好に維持するのは難しくなります。スキンケアは、洗浄・保湿・保護の過程をそれぞれ行うことが大切です（図表3 -13）。

　1人ひとり皮膚の状態が異なるので、症状に合わせたスキンケアが必要になります。主治医や看護師にどんなケアが必要か確認しましょう。また、基礎疾患に関連する皮膚変化もあります（図表3 -14）。

　これらの皮膚変化を考慮して、皮膚に影響しやすい刺激を排除できればスキントラブルの回避にもつながることを知っておきましょう。

### 予防的視点とアセスメントの留意点

　自分の担当している利用者のスキントラブルの有無を確認しましょう。また予

### 図表3-13 スキンケアの種類

| | |
|---|---|
| 洗浄・清潔 | 皮膚から刺激物、異物、感染源を取り除くこと |
| 保湿 | 角質層の水分を保持する、または皮膚の浸軟を取り除くこと |
| 保護 | 刺激物、異物、感染源を皮膚から遮断、および光熱刺激や物理的刺激を低減すること |

防的視点も大切です。入浴場面等を利用し、介助するヘルパーやデイサービスの
ワーカーを通して、皮膚の状態をアセスメントしましょう。判断に悩むときには
医療職に相談しましょう。

　相談されたときには、すでに状態が悪化していたということも耳にします。気
になる症状(初期の皮膚剥離、発赤、湿疹等)があれば、初期の段階で主治医、看
護師に相談し、医療処理の必要性の判断を仰ぎましょう。

## トラブル発生時・ケアが必要なときの対応

　家族や介護スタッフにも気になる症状を伝えておき、トラブルが認められたと
きに連絡してもらえるようにしましょう。同時に、ケアが必要になったときは、
誰がいつどんなケアを行うのかも明確にしておきます。ただし、スキンケアには
医療行為に含まれるものもあるので、介護スタッフにしてもらう内容は主治医や
看護師の確認が必要です。

## 医療行為ではないと考えられるものについて

「医師法第17条、歯科医師法第17条及び保健師助産師看護師法第31条の解釈につ
いて」(平成17年7月26日付医政発第0726005号)において、医療機関以外の現場
で医行為であるか否かの判断に疑義が生じることの多い行為で、原則として医行
為ではないと考えられるものが、以下のとおり列挙されています。

- ・水銀体温計・電子体温計による腋下の体温計測・耳式電子体温計による体温
  測定
- ・自動血圧測定器による血圧測定

**図表3-14**　基礎疾患から起こり得る皮膚変化の一例

| 基礎疾患 | 起こり得る皮膚変化 |
|---|---|
| 糖尿病 | ドライスキン |
| 腎不全 | ドライスキン、浮腫による皮膚の菲薄化(皮膚が薄くなること) |
| 肝臓病 | 低アルブミン血症による浮腫での皮膚の菲薄化<br>出血傾向による紫斑 |
| 心不全 | 浮腫による皮膚の菲薄化 |
| ステロイド剤の長期服用 | 皮膚や血管壁の菲薄化 |

**05 高齢者によくみられる症状❺スキントラブル**

- 新生児以外で入院治療が不要な者へのパルスオキシメータの装着
- 軽微な切り傷、擦り傷、やけどなどについて、専門的な判断や技術を必要としない処置をすること（汚物で汚れたガーゼの交換を含む）
- 下記3条件を医師、歯科医師、看護職員が確認した上での皮膚への軟膏の塗布（褥そうの処置を除く）、皮膚への湿布の貼付、点眼薬の点眼、一包化された内用薬の内服、肛門からの座薬挿入、鼻腔粘膜への薬剤噴霧の介助
  - ❶患者が入院・入所して治療する必要がなく容態が安定している
  - ❷医師や看護職員による連続的な容態の経過観察が必要ない
  - ❸誤嚥の可能性や、肛門からの出血の可能性などがない
- 爪切り、爪やすりによるやすりがけ
- 歯ブラシなどによる歯、口腔粘膜、舌に付着した汚れの除去
- 耳垢の除去（耳垢塞栓の除去を除く）
- ストマ装具のパウチにたまった排泄物の廃棄
- 自己導尿の補助としてのカテーテルの準備、体位の保持
- 市販のディスポーザブルグリセリン浣腸器を用いた浣腸

　これらは症状が不安定な場合等には医行為とされることもあるので、サービス担当者会議の開催時等に、医師や看護職に対して、専門的な管理が必要な状態かどうかを確認しましょう。

- スキントラブルの内容によって、治療方法やケア方法が異なります。利用者が適切なケアを受けることができるように、日頃の皮膚状態を把握しておきましょう。
- 寝たきりの人やオムツをしている人は、特にスキントラブルが多くなります。ケアマネジャーは利用者の全身をしっかり観察し、気になることがあれば早期に医療職につないで悪化の防止に努めましょう。

＼まとめ／

**3**

医療職につなぐための医療知識❷高齢者によくみられる症状

077

# 06 高齢者によくみられる症状❻
## 転倒・骨折

> **POINT**
> 転倒・骨折は介護を要する原因（寝たきりの原因）の第4位に入っています。転倒の原因を理解し、その要因への対策、転倒・骨折時の対応のポイントを押さえましょう。

## 転倒の原因は?

　高齢者の転倒には、内的要因（身体的・心理的）と外的要因（環境的）があります。

**内的要因（身体的要因）**
- 加齢による筋力低下：下肢・臀部などの筋力低下。
- バランス機能の低下：高齢者の姿勢の特徴として、円背姿勢、骨盤後傾位の姿勢、股関節屈曲外旋等となり（図表3-15）、歩行時の不安定、ふらつき等。
- 認知機能の低下：注意機能低下や反応性の低下などの影響によるもの。

**図表3-15** 高齢者の姿勢の特徴

- 下顎（かがく）の突出
- 胸椎（きょうつい）の後弯（こうわん）
- 股・膝関節屈曲
- 骨盤後傾位
- 重心は後方

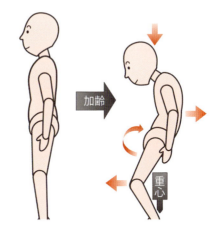

- 感覚障害の低下：足の裏のしびれなどの感覚障害によるもの。
- 視覚機能の低下：白内障などの視力低下によるつまずきによるもの。
- 慢性疾患（循環器系疾患、神経系疾患、脳血管疾患、筋骨格系疾患等）の影響に加え、薬（降圧薬、鎮静剤、睡眠薬等）の副作用によるもの。

### 外的要因（環境的要因）

- 室内に物が点在している、敷居などの低い段差（1～2cm）、滑りやすい床、カーペットなどの敷物の折れ端、電気コード類、履物（サンダル・スリッパ等）、夜間の足元の照明不足等、さまざまな物理的要因。

## 転倒を予防するためには?

　以上のように、転倒は多くの場合、複数の要因が関係して発生します。それぞれの要因に対策を立てる必要があります。

　内的要因には、筋力トレーニングやバランス運動などの複合的な運動をすることで、機能低下の進行を防いだり、服薬治療をしたりする必要があります。外的要因には環境整備（転倒しない環境づくり）などが必要になってきます。

## 複合的な運動

- 筋力をつける運動
- バランスを鍛える運動
- 歩く機能を上げる運動

### 転ばないことと骨を強くすることが大切！

#### バランス能力を高め、ふらつき・転倒を予防する

**①座布団の上で片足立ち運動**

1) 座布団の上に立ち、ゆっくりと片足を持ち上げます。
2) 1分間を目標に行います。

※左右3回が目安です。
　ふらつく方は座布団を敷かずに行いましょう。

#### かかとへの刺激が骨の弱化を予防する

**②かかと落とし運動**

1) 両方のかかとをゆっくりと上げます。
2) 素早く力を抜き、かかとを落とします。
3) かかとからの衝撃を感じながら10回繰り返します。

※骨の疲労を考えて、2日に1回が目安です。
　痛みがあれば中止しましょう。

※どちらの運動も、ふらつく方は
　イスやテーブルにつかまりながら行うと安全です

## 服薬の管理

### 転倒につながる可能性が高い薬の副作用

| 高齢者の状態 | 薬剤 | 転倒の原因となる作用 |
| --- | --- | --- |
| 高血圧 | 血圧降下薬 | めまい・ふらつき |
| 風邪 | 抗ヒスタミン薬 | 眠くなる・ボーっとする |
| 睡眠障害 | 睡眠薬 | ふらつく |
| 認知症 | 抗精神薬 | 脱力感、筋肉の緊張低下 |

### 転倒のリスクが高い薬を服用するときの注意

・薬の使用上の注意をよく読み、服薬の指示に従う。

・どんな薬を、いつから、どのくらい飲んでいるか「お薬手帳」に記入しておく。

・薬を飲み始めてから変化がないか（呂律がまわらなくなる、ボーッとするようになった、意欲がなくなる等、だるそうだといった症状）、周囲の目で確認する。様子がおかしいと感じたときは薬剤師や医師に相談する。

## 居住環境の整備

つまずかないように動線を確保しましょう(物を不用意に置かない等)。移動や起き上がり動作のときに転倒が多いため、必要な個所に手すりを付けたり、段差の解消をするなどの工夫をしましょう。

# ケアマネジャーが押さえたいポイント

## 内的・外的要因の把握と転倒後の観察ポイント

転倒を事前に予防する視点が必要です。利用者の内的要因・外的要因を把握しましょう。

内的要因は、主治医や看護師に相談して、情報収集しましょう。外的要因はケアマネジャー自身の目で確かめたり、家族や訪問介護員からも情報収集しましょう。そのうえで、適切な予防方法を利用者・家族、主治医、理学療法士・作業療法士等と検討しましょう。

転倒すると、30〜40%に外傷が生じます。多くは、すり傷や打ち身、捻挫ですが、時には脱臼や骨折（2〜5%）、頭蓋内出血（1%以下）を起こします。転倒後の観察のポイントと、どのようなときに受診するかを知っておきましょう。

## <観察のポイント>

### 頭を打ったとき

以下の場合、脳に何らかの病変の可能性があるため、すぐに救急車を呼びましょう。判断に迷う場合は、主治医や訪問看護師に相談しましょう。

・意識障害（反応がない、ボーッとしている）

・頭痛や吐き気、めまい
・手足のしびれ、麻痺

　数週間～数か月後に「頭痛、何となく元気がない、言葉が出にくい、尿失禁をするようになった、麻痺がある、歩行がおかしい」などの症状が出現する「慢性硬膜下血腫」の可能性もあります。このような症状が出現したら、すぐに主治医に相談しましょう。

**身体に痛みがあるとき**
　以下のような場合は、骨折や脱臼が疑われるので、同様に主治医に連絡したり、救急車を呼びましょう。
・関節を動かせない、動かすと痛みが増す
・腫れや変形が強い
・背中や胸、腰の強い痛みが続く

※転倒したときに骨折しやすい部位
・肘をつく、肩を打つ→肩（上腕骨近位端骨折等）
・手をつく→手首（橈骨遠位端骨折等）
・胸を打つ→肋骨骨折等
・腰や背中を打つ、しりもちをつく→背骨（脊柱、腰椎圧迫骨折、大腿骨頚部骨折等）

---

・転倒は、予防が重要になります。利用者の状態像に沿って、内的要因・外的要因の可能性を推察し、利用者の転倒を予防するようアプローチしましょう。
・転倒時に出現する症状を把握し、必要時は医療職につなぐ判断ができるよう、利用者、家族、多職種で対応方法を共有しましょう。

# 医療職につなぐ
# ための医療知識❸
## 医療的処置を有する状態

4

## CONTENTS

**01** 医療的処置を有する状態❶経管栄養法

**02** 医療的処置を有する状態❷吸引

**03** 医療的処置を有する状態❸在宅酸素療法（HOT）

**04** 医療的処置を有する状態❹在宅人工呼吸療法（HMV）

**05** 医療的処置を有する状態❺在宅中心静脈栄養法（HPN）

**06** 医療的処置を有する状態❻ストーマ（人工肛門・人口膀胱）

# 01 医療的処置を有する状態❶
# 経管栄養法

> **POINT**
> 経管栄養の種類や特徴をしっかり理解しましょう。胃瘻の種類や管理、栄養剤の注入方法を把握して、ケアマネジャーが対応すべき状況と対処法を押さえましょう。

## 経管栄養法とは?

　経管栄養法とは、摂食障害や摂食機能の低下によって食物が口から摂取できない場合に、食道、胃、小腸までチューブを通して、水分や流動食を投与する栄養管理法をいいます。

　経管栄養の目的は、栄養状態を改善し維持することです。嚥下・摂食障害のある人が、在宅や施設で生活するための大切な手段の一つです。

## 経管栄養法の種類と特徴

　経管栄養法には、鼻から胃や十二指腸までチューブを通す経鼻経管栄養（鼻腔栄養）と、直接チューブを食道内、胃内、小腸内に通す経皮経管栄養（食道瘻（PTEG）・胃瘻（PEG）・腸瘻（PEJ））があります（図表4-1）。

　胃瘻の造設は、内視鏡（胃カメラ）を使って、おなかの壁と胃の壁を通して小さな穴（胃瘻）をつくり、そこにチューブを入れます（経皮内視鏡胃瘻造設術）。この技術の普及により胃瘻からの経管栄養を利用する療養者が増えています。

**図表4-1** 経管栄養法の種類

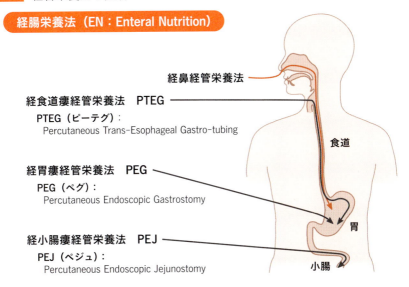

どのような栄養摂取方法を利用するかは、病態や栄養状態などを評価して選択されます（図表4-2）。

**図表4-2** 栄養摂取方法選択のプロセス

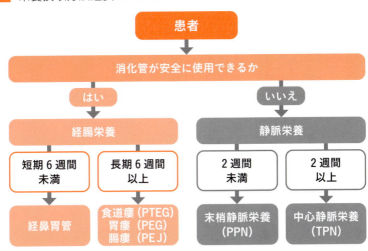

## 胃瘻からの経管栄養

　胃瘻は、直接チューブを胃内に通し、そこから栄養剤等を注入することで栄養状態の改善をはかることができます。誤嚥性肺炎を繰り返す人にとっては予防効果も期待できますが、胃瘻の管理には医療的知識と処置を必要とするため、家族の介護負担が大きくなります。

　また、「延命」を目的とした治療という解釈もあり、生命倫理における課題として取り上げられられるようになりました。胃瘻の導入は、利用者・家族と主治医、看護職が十分話し合い、納得したうえで決定されることが望ましいでしょう。

## 胃瘻の種類

　胃瘻は、その固定方法でバンパー型とバルーン型に、接続の形態でボタン型とチューブ型に分類されます（図表4-3）。

図表4-3　胃瘻の種類

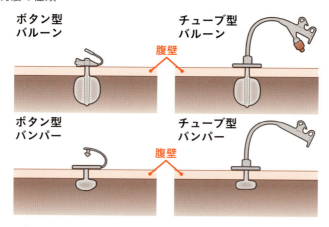

## 胃瘻管理と栄養剤の投与方法

**必要物品**

　栄養剤、イリルガートル（栄養剤を入れる容器）、カテーテルチップ、お湯、水（注入方法や栄養剤によっては必要物品は変わります）。

**01 医療的処置を有する状態❶経管栄養法**

## 栄養剤注入の方法

❶手を洗います。

❷栄養剤を用意し、注入に適した温度に温めます。

❸座位または上半身（30度または90度）を挙上した体位にし、イリルガートル
を吊り下げます。

❹栄養剤のチューブと胃瘻カテーテルを接続します。注入速度（医師に確認）
を設定し滴下を始めます。

　※注入中はその人の顔色、嘔吐や腹痛、腹部膨満感などないか、瘻孔周囲の皮膚の状態、胃瘻カテ
　ーテルの状態などを観察しましょう。

❺栄養注入後、薬の指示がある人は薬を注入します（薬はぬるま湯で完全に溶
かしてからカテーテルチップで注入します）。注入後、ぬるま湯を流し薬が
残らないようにします。

❻注入が終了したら食道への逆流を防ぐため30分から１時間程度は姿勢を起こ
したままにします。

❼後片づけをします。

## 胃瘻（瘻孔）の管理

　瘻孔周囲の皮膚の清潔、カテーテルの挿入部の観察、感染やカテーテル抜去を予
防します。

・瘻孔周囲の皮膚トラブルはないか？

・瘻孔部より漏れはないか？

・カテーテルが抜けていないか？　抜けかけていないか？

### 胃瘻ケア

　入浴はできます。ビニールで覆ったりする必要はなく、そのまま湯船につかれ
ます（隙間から水等が入ることはありません）。入浴後は乾いたタオルで水気を拭
き取り、自然乾燥させましょう。入浴できない場合は胃瘻の周囲を洗浄します。
石鹸を泡立てて胃瘻挿入部から周囲をやさしく丁寧に洗います。

### カテーテルの確認

　カテーテルは胃内のバンパーやバルーンが胃壁に密着したままになると胃壁に
埋まったり潰瘍を作ったりすることがあります。毎日１回以上くるくると回しま
す。また数回上下にスポスポと動かします。皮膚とチューブの間に、１〜２cm

**4 医療職につなぐための医療知識❸医療的処置を有する状態**

程度の余裕があることが理想的です。

**バルーンの水の確認**

　バルーン型カテーテルは胃内のバルーンの固定液がぬけていないか確認することが必要です。定期的に主治医や看護師に滅菌蒸留水を交換してもらいます。

**口腔ケア**

　食事を直接摂取することはありませんが、常に口腔内の清潔を保つことは必要です。口に細菌が増えると口臭の原因になったり、感染症（誤嚥性肺炎）の引き金になったりします。口腔ケアは栄養剤注入前に行います。注入後に行うと刺激で嘔吐反射が起き、逆流性の誤嚥性肺炎などを起こす危険性があります。舌についている舌苔もきれいにしておきます。

## 胃瘻トラブルと対処方法

　図表4-4のようなトラブル（合併症）を起こす可能性があります。胃瘻を造っている高齢者は基本的に身体が弱っており、痛みや苦痛を訴えることも困難な人がほとんどです。支援する人たちが気をつけて観察することが大事です。

# ケアマネジャーが押さえたいポイント

　経管栄養法を受けている利用者には、訪問看護師の介入が必要です。ケアマネジャーは直接ケアをするわけではありませんが、自分の担当している利用者の経管栄養法の種類、栄養剤、注入方法、管理、トラブルも知っておく必要があります。また、利用者や家族に経管栄養法の必要性や栄養剤の投与方法、物品管理などをどこまで理解されているのか確認することも必要です。そして、トラブルが生じたときの対処方法や、どんなときに誰に連絡するのかを理解して対応することができなければなりません。ケアマネジャーはこれらの点について把握し、本人・家族の理解不足や管理不足、不安感や負担感などの問題があれば主治医や訪問看護師に相談し、今後の対応を一緒に考えましょう。

　予測されるトラブル（図表4-4）やその観察方法、対処方法などはほかのサービス事業者にも理解してもらう必要があります。主治医や訪問看護師にどんなときに誰に連絡するのかを事前に確認し共有しておきましょう。

01 医療的処置を有する状態❶経管栄養法

**図表4-4** 予測されるトラブルと対処方法

| トラブル（合併症） | 原因 | 対処方法 |
|---|---|---|
| **カテーテル抜去** | 自分で抜いたり、何かの原因で抜けてしまう。 | 抜けると数時間で瘻孔がふさがってしまうため、すぐに主治医や看護師に連絡しましょう。 |
| **バンパー埋没症候群** | バンパー型で内部バンパーが胃の壁の内側に食い込んだり、埋まったりしてしまう。 | 食い込んだりしたときの症状は人によって違います。主治医か看護師に連絡して状態を確認してもらいましょう。 |
| **カテーテルが詰まる** | カテーテルの内部が汚れたり詰まったりしてしまうことです。 | 主治医や看護師に相談します。詰まったときはカテーテルを指でしごいてみたり、ぬるま湯で流してみましょう。 |
| **瘻孔周囲の肉芽形成** | 胃瘻の穴の入り口付近にできる赤くプヨプヨした肉の盛り上がりを肉芽といいます。外部バンパーが穴の入り口に密着しているなど湿潤な場合にできやすい傾向があります。 | 発見したときは主治医、看護師に連絡しましょう。 |
| **瘻孔周囲の皮膚の湿疹やただれ** | 栄養剤の漏れ、外部バンパーやカテーテルの接触刺激、細菌や真菌の感染などで起こります。 | 主治医、看護師に連絡しましょう。 |
| **嘔気・嘔吐** | 栄養剤の逆流、胃の動きの低下、胃のガスがたまっている、胃腸風邪などさまざまな原因があります。 | ただちに注入を中止します。様子を見て続くようなら主治医、看護師へ連絡しましょう。 |
| **下痢** | 栄養剤が濃い、冷たい、注入速度が速い、細菌感染が起こっているなどがあります。 | 左記、細菌感染以外の原因の場合は対処しましょう。症状が続く場合は主治医や看護師に連絡しましょう。 |
| **便秘** | 水分量の不足。 | 水分を多めに多めに摂るようにしましょう。症状が改善しなければ主治医や看護師に連絡しましょう。 |

4
医療職につなぐための医療知識❸医療的処置を有する状態

・経管栄養法は家族が毎日かかわるケアです。本人や家族がどこまで理解しているのか、手技はもちろんのこと、心配事や負担感などの気持ちも確かめるようにしましょう。
・トラブルが起きたときのその場の対処方法、どんなときに誰に連絡するのか事前に確認し、連携の流れを作っておきましょう。

＼ まとめ ／

# 02 | 医療的処置を有する状態❷
# 吸引

> **POINT**
> 吸引の目的などを理解し、ケアマネジャーとして利用者や多職種に対して、何に気をつけなければならないのか示す際の留意点を確認しましょう。

## 吸引の目的

　私たちは、鼻をかんだり、唾液を吐いたり飲み込んで、鼻水・唾液の排泄を行います。しかし、加齢や反射機能の低下、神経筋疾患等で嚥下障害があり、自力で鼻水や唾液、痰等を出せない場合や、気管切開、気管切開下人工呼吸療法をしている場合等は吸引の対象になります。吸引をしないと呼吸困難や窒息、肺炎等の感染症の原因となるため、吸引装置を用いて、療養者の痰（唾液、鼻水等）を吸引する必要があります。吸引には、鼻の穴から吸引カテーテルを入れる鼻腔内吸引、口腔内に吸引カテーテルを入れる口腔内吸引、気管切開している患者には気管カニューレ内に吸引カテーテルを入れる気管カニューレ内吸引があります。

## 吸引時の観察のポイント

❶ バイタルサイン　発熱の有無
❷ 呼吸状態　呼吸困難感の有無と程度
❸ 顔色　チアノーゼの有無
❹ 吸引物の性状　喀痰の色・量・性状・臭い
❺ 酸素濃度
❻ 鼻腔や口腔粘膜、気管からの出血の有無

## どんなときに吸引をするのか

- 本人が望んだとき
- 唾液、痰がたまってゴロゴロしている音がするとき
- 呼吸時にゼーゼーしていたり、異物の音がするとき　等

※必要なタイミングはそれぞれ異なります。主治医や看護師等と、どのようなタイミングで吸引を行うか相談しておきましょう。

## 吸引の種類と準備

　在宅で使用される吸引機器は、小型で持ち運びが容易なものが使われます。ほとんどの場合は電源を必要としますが、充電で使える機種もあり、外出時や停電時の使用が可能です。吸入器が付いた機種などもあり、個々の状況に合わせた機器を選択します。

**図表4-5**　在宅で使用される吸引機器

※機器は難病等で身体障害者手帳の交付を受けている場合、購入の補助を受けられることもあります。

## ケアマネジャーが押さえたいポイント

　利用者が入院中に、家族は吸引手技のトレーニングを受けています。ケアマネジャーは家族がどの程度、吸引手技を習得しているか確認しましょう。

　入院中に担当になった場合は、吸引器の手配について確認します。準備を依頼された場合は、自費でレンタルするのか、購入するのかを確認しましょう。購入

する場合は日常生活用具給付等事業で給付助成が受けられる場合があります。身体障害者手帳取得者または難病患者として給付申請を行うことができます。支給要件等は市町村によって異なるので、確認しておきましょう。

吸引が必要な利用者は、経管栄養法や人工呼吸療法も導入している場合が多いです。また体調が変化しやすく、状態観察や日常生活上のアドバイス、予防的ケア、緊急時の対応等医療的な管理が日常的に求められるので、訪問看護を導入しなければなりません。

日常的な吸引は、家族、あるいは訪問介護員が担うことになります（図表4-6）。主治医や訪問看護師に、❶吸引するときの注意点〜家族と訪問介護員による吸引の手技の確認を依頼しましょう。注意すべき点やうまく吸引できるコツなどを看護師に教えてもらいます。❷観察のポイントや異常時の具体的な対応方法〜吸引を行っている利用者は肺炎などになりやすいため、徴候を早期発見するための体調管理が重要です。個人差があるので、事前にどんな状態になれば、主治医や訪問看護師に連絡するのか確認し、ケアチームで共有できるようにしておきましょう。

図表4-6のように、介護職員等は2012（平成24）年4月から研修を受けると喀痰吸引等の実施ができるようになりました。地域に登録事業者がどれだけいるのか、地域の社会資源として知っておきましょう。

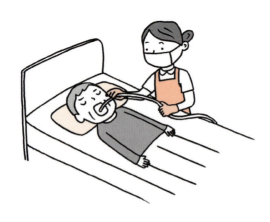

02 医療的処置を有する状態❷吸引

**図表4-6** 介護職員等による喀痰吸引等の実施について

**趣旨**

○**介護福祉士及び一定の研修を受けた介護職員等は、一定の条件の下にたんの吸引等の行為を実施できることとする。**

☆たんの吸引や径管栄養は「医行為」と整理されており、現在は、一定の条件の下に実質的違法性阻却論により容認されている状況。

**実施可能な行為**

○**たんの吸引その他の日常生活を営むのに必要な行為であって、医師の指示の下に行われるもの**

※保健師助産師看護師法の規定にかかわらず、診療の補助として、たんの吸引等を行うことを業とすることができる。

☆具体的な行為については省令で定める
・たんの吸引（口腔内、鼻腔内、気管カニューレ内部）
・経管栄養（胃ろう、腸ろう、経鼻経管栄養）

**介護職員等の範囲**

○**介護福祉士**

☆具体的な養成カリキュラムは省令で定める

○**介護福祉士以外の介護職員等**

☆一定の研修を修了した者を都道府県知事が認定
☆認定証の交付事務は都道府県が登録研修機関に委託可能

・吸引時の観察ポイントや注意事項、異常時の対応等、主治医や看護師に確認してチームで共有しておきましょう。
・吸引を必要とする利用者は、吸引以外にも経管栄養や人工呼吸等の医療行為が併用されていることがほとんどです。手技等の確認はもちろん、気持ちに寄り添った支援を心がけましょう。

＼ まとめ ／

# 03 医療的処置を有する状態❸ 在宅酸素療法（HOT）

> **POINT**
> 在宅酸素療法（HOT）について理解し、ケアマネジャーとして利用者や多職種に対して、何に気をつけなければならないのか示す際の留意点を確認しましょう。

## 在宅酸素療法とは？

　在宅酸素療法（Home Oxygen Therapy）は、頭文字をとってHOT（ホット）と呼ばれます。病状は安定していて、体内に酸素を十分取り込めない慢性呼吸不全の状態や肺高血圧症、慢性心不全等の療養者に対し、在宅で酸素吸入を行う療法です。

## なぜHOTが必要なの？

　酸素吸入をするのは、息苦しさの改善のためだけではありません。呼吸機能が低下して血液中の酸素が不足すると、肺以外の臓器に負荷がかかり、高血圧や心不全、脳卒中、狭心症、急性心筋梗塞等の合併症を引き起こす危険性があるため、一定以上の濃度の酸素を吸う必要があるのです。

## HOTの効果は？

　HOTによって呼吸困難感や不安感を軽減し、安心・安定した生活を過ごすことができ、社会復帰やQOLの向上が図れます。

## 03 医療的処置を有する状態 ❸在宅酸素療法（HOT）

**図表4-7** 健康保険によるHOTの対象者等

- 在宅酸素療法の対象疾患は、高度慢性呼吸不全例、肺高血圧症、慢性心不全、チアノーゼ型先天性心疾患および重度の群発頭痛の患者
- 高度慢性呼吸不全例のうち、対象となる患者は在宅酸素療法導入時に動脈血酸素分圧55mmHg以下の者および、動脈血酸素分圧60mmHg以下で睡眠時または運動負荷時に著しい低酸素血症をきたす者であって医師が在宅酸素療法を必要であると認めた者
- 慢性心不全患者のうち、医師の診断により、NYHA Ⅲ度以上であると認められ、睡眠時のチェーンストークス呼吸がみられ、無呼吸低呼吸指数が20以上であることが睡眠ポリグラフィー上確認されている症例とする
- 群発頭痛の患者のうち、群発期間中の患者であって、1日平均1回以上の頭痛発作を認める者

（厚生労働省告示および関係通知より引用（平成30年4月現在））

## HOTに用いられる機器

主な酸素供給機器は以下の3つです。療養者の病状や家庭環境、行動範囲に合わせて種類を選択します。

❶酸素濃縮装置：部屋の空気を取り込んで窒素を吸着させて90％以上の酸素濃度にして供給する装置。

**図表4-8** 酸素濃縮装置

❷液化酸素装置：低温液化した酸素を気化させて供給する装置。酸素濃度99.5％以上と純酸素で電気代がかからない（携帯時には子器を使用、扱いにくさがあり、高齢者にはやや不向き）。

図表4-9　液体酸素装置

❸酸素ボンベ：携帯としての役割が主であり軽量（外出・停電時用）。

図表4-10　酸素ボンベ

## 設置場所と留意点

　在宅酸素療法は、チューブを床に這わせて移動するため、生活の動線を考えなければなりません。直射日光を避けて設置する必要があり、近くに火気があるとチューブや衣服等に引火する可能性があるため、たばこやロウソク・線香等の火気の取り扱いには注意しましょう。機器を必ず火気から2mは離すようにしなければなりません（図表4-11）。

図表4-11 設置場所と留意点

## 悪化の兆候

呼吸が困難になるということは、利用者・家族に相当の不安と動揺を与えます。HOT中に、以下のような兆候が表れたら要注意です。

❶息切れが強い（感染の可能性）
❷じっとしていても、強く動悸を感じる
❸発熱したり、いつまでも体のだるさが取れない（肺炎、感染の可能性）
❹痰の量が増えたり、色が変わった（肺炎、気管支炎の可能性）
❺咳の回数が増えている（肺炎、気管支炎の可能性）
❻尿の回数が減って、手足がむくんでいる（心不全の疑い、腎機能低下の可能性）
❼急激な体重増加あるいは減少、食欲の低下（心不全の疑い、腎機能低下、感染

の可能性）

❽頭痛、頭が重い、めまいなど（$CO_2$ナルコーシス（高二酸化炭素血症）が疑われる）

※HOTの酸素吸入下で$PaO_2$が酸素飽和度85％以下になると入院治療が必要です。

※CO2ナルコーシスとは、二酸化炭素の排出が不十分となり、血中の二酸化炭素濃度が上昇した状態です。意識障害・頭痛・めまいなどの精神・神経症状が起きます。重篤の場合は、自発呼吸が抑制され、呼吸困難に陥ることもあります。

## ケアマネジャーが押さえたいポイント

　本人や家族に疾患、酸素の必要性、使用方法、留意点についてどれだけ理解できているのか把握しておきましょう。もし、あまり理解できていないようなら、主治医や看護師に報告し、再度説明してもらうよう依頼しましょう。

　急性増悪時の症状が起きたときの対応方法（悪化の微候参照）、どのような症状が現れたら受診の必要があるのか等について、主治医や看護師から情報収集しておきます。また、酸素供給源のトラブル発生時の連絡先や対処法等についても把握しておきましょう。

　在宅酸素療法は、管理する能力があるだけで状態の安定につながると思われがちですが、ちょっとした酸素管理のトラブルや、感染症や合併症の発症で、急に状態が悪化する可能性もあります。専門的に病状や機器の管理をすることで、状態悪化が予防されるので、訪問看護師との連携が必須といえます。

　在宅酸素療法を行っている利用者は、長い経過のなかで息切れに対する恐怖心から、歩行や外出が億劫になり、閉じこもりがちになります。こういった状態を予防するには、治療を継続しながら、呼吸理学療法や上下肢の筋力を改善する訓練、食事療法などを組み合わせた包括的呼吸リハビリテーションが効果的です。主治医や看護師、セラピストなどと連携して、利用者の状態にあったプログラムを提供できるようにしましょう。

## 包括的呼吸リハビリテーションとは

　包括的呼吸リハビリテーションとは、病気をコントロールし、残された呼吸機

能を可能な限り維持するため、病気や呼吸のしくみ、機能維持に効果的な呼吸方法、薬、酸素、食事についての知識と管理、呼吸リハビリテーション等を理解し、包括的に取り組むリハビリテーションです。

　利用者を中心に、医師、看護師、セラピスト、栄養士、薬剤師、ソーシャルワーカー、ケアマネジャー等がそれぞれの専門性を活かして支援していく、総合的な医療システムの構築が求められます（図表4-12）。

図表4-12　包括的呼吸リハビリテーションのイメージ

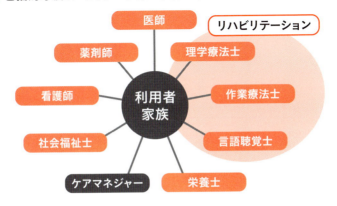

- 在宅酸素療法をしている利用者は、生活上注意しなければならないことがたくさんあります。ケアマネジャーは基本的な知識を押さえて、利用者に説明できるようにしましょう。
- 在宅酸素療法は、酸素管理のトラブルや感染症・合併症の発症で、急な状態悪化もあります。病状や機器の管理によって状態悪化が予防できるので、訪問看護との連携は必須です。

# 04 | 医療的処置を有する状態❹
# 在宅人工呼吸療法（HMV）

> **POINT**
> 在宅人工呼吸療法（HMV）について理解し、ケアマネジャーとして利用者や多職種に対して、何に気をつけなければならないのか示す際の留意点を確認しましょう。

## 在宅人工呼吸療法とは？

　在宅人工呼吸療法（Home Mechanical Ventilation：HMV）は、在宅で呼吸の補助・管理を機械を用いて行う療法です。人工呼吸器は病院のものと比べて機能や設定が複雑ではなく、小型で軽量、外出もしやすい在宅専用のものとなっています。

　在宅人工呼吸療法には、非侵襲的陽圧換気法（NPPV）と気管切開下人工呼吸療法（TPPV）があり、患者の状態によってより使われる機器は異なります（図表4-13）。

**図表4-13** 気管切開下人工呼吸療法(TPPV)と非侵襲的陽圧換気法(NPPV)

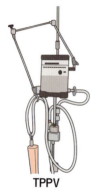
TPPV

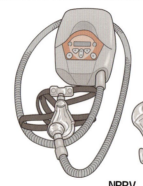

NPPV

## 非侵襲的陽圧換気法（NPPV）とは？

非侵襲的陽圧換気法（Non-invasive Positive Pressure Ventilation：NPPV）は、気管挿管や気管切開を行わず、鼻や鼻口から専用マスクの装着だけで、一定の圧力や決められた量の空気を肺に送る方法です。取扱いも簡便で、嚥下・食事・会話の機能が保たれるため、慢性閉塞性肺疾患（COPD）の急性憎悪、高二酸化炭素血症を伴う呼吸不全、心原性肺水腫等、在宅人工呼吸療法の9割近くでこの方法が用いられています。拘束性呼吸障害や終末期の息苦しさの緩和手段としても使用されますが、気道確保できない場合や自発呼吸がない状態、昏睡や意識状態が悪い場合等では、使用は禁忌となります。

在宅で使用する機器には図表4-14のようなものがあり、患者に合ったマスクを使用します。正しく装着しないと空気の漏れ等、換気ができなくなるため注意が必要です。NPPVの合併症として、締め付けや圧迫感・不快感・皮膚のトラブル等があり、圧や流量関係では鼻づまり、鼻・耳の痛み、鼻・口の乾燥、目への刺激なども出現します。さらに、夜間だけ装着する場合や終日装着する場合など、患者によって時間が決められています。在宅では訪問看護師に観察・管理・確認などを依頼するのが望ましいでしょう。

**図表4-14** NPPV機器

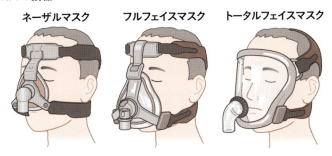

## 気管切開下人工呼吸法（TPPV）とは

気管切開下人工呼吸法（Tracheostomy Positive Pressure Ventilation：TPPV）

は、気管切開し、気管に直接チューブを挿入・留置することで呼吸を補助するものです。NPPVよりも身体への負担が大きく、発声が困難になるほか、痰の吸引や気管チューブ、気管切開部の衛生管理が必要となります。NPPVでは症状に十分対応できない場合等に、利用者・家族、医療者で十分に話し合い、人工呼吸療法として選択されます。在宅TPPV患者の8割は神経筋疾患であり、代表的な疾患は筋萎縮性側索硬化症（ALS）です。

# 在宅人工呼吸療法を安全に行う体制

HMVを安全に行うためには、利用者・家族がその必要性や処置方法、緊急時対応等、HMVに関して十分理解しなければなりません。そして看護師のほか、医師や介護職、医師の指示で機械の整備を行う医療機器メーカーといった、安全に実施するための支援体制が必要になります。

# 電源の確保について

在宅では停電も想定して、手動式蘇生バッグや外部バッテリー、非常用電源の準備が必要です。なお、機械によっては停電時も短時間は作動する内部バッテリーが搭載されているものもあります。事前に行政や地域包括支援センターが行っている緊急時の地域支援ネットワークの登録をしたり、電力会社・消防署に在宅酸素療法や人工呼吸器を使用中と伝える等、停電時対応をシミュレーションしておくことも必要です。地域によって社会資源は異なるため、地域はどんな資源があるのか確認しておきましょう。

# 在宅人工呼吸器使用患者支援事業について

在宅で人工呼吸器を装着し療養している指定難病および特定疾患の利用者が、診療報酬で定められた回数を超える訪問看護を受ける場合、その回数を超えた訪問看護料について公費負担を受けられる制度があります。各自治体によって要件等が異なりますので確認して活用できるようにしておきましょう。

## ケアマネジャーが押さえたいポイント

　入院先の医療機関で人工呼吸療法を開始した場合には、退院後の自宅での療養支援体制（ケアマネジャー、訪問看護、訪問診療、訪問介護等）の整備や、介護者に技術獲得のための教育がなされます。在宅で実際に用いる機器に移行し、利用者・家族に人工呼吸器の管理に伴う操作や注意事項、緊急時対応について説明があります。退院後、安心して在宅生活ができるように退院前カンファレンスが開催され、在宅で支援する専門職が参加します。誰がどのような役割を担うのか、情報共有や目標の統一、サービス体制の整備等が話し合われます。また、身体状態の変化時や人工呼吸器のトラブル等の緊急時の対応策も共有します。

　加えてケアマネジャーは、❶疾患名、❷呼吸機能の状態、❸ADL・IADL、❹人工呼吸療法に対する利用者・家族の理解度や受け止め方等を情報収集して、退院前カンファレンスの内容をもとにケアプランを立案します。わからないことがあれば必ず医療職に確認し解決する必要があります。

　在宅でTPPVをしていても、状態が安定しているなど条件が整えば、車椅子に機器を積んで外出や旅行をすることも可能です。安心・安全だけを追求した医学的管理だけでなく、QOLの向上を意識した楽しみのある生活を実現できるような支援体制を整えていくことも大切です。

---

- 緊急時の対応策は利用者・家族に詳しく説明されています。ケアマネジャーはその内容を確認し、チームで共有しておきましょう。
- 気管切開下人工呼吸法をしている利用者は、人工呼吸器以外の医療ケアが加わることが多いため、利用者が安心して生活できるよう医療チームとの連携が重要です。

# 05 医療的処置を有する状態❺
# 在宅中心静脈栄養法（HPN）

> **POINT**
> 在宅中心静脈栄養法（HPN）について理解し、ケアマネジャーとして利用者や多職種に対して、何に気をつけなければならないのか示す際の留意点を確認しましょう。

## 在宅中心静脈栄養法とは?

　在宅中心静脈栄養法（Home Parenteral Nutrition：HPN）は、入院中に栄養・水分補給のために用いる中心静脈栄養法（Intravenous Hyperalimentation：IVH）を自宅でも使用できるようにし、療養生活の継続を可能にするものです。利用者のQOLの向上も期待できます。

## 対象となる主な疾患と適応

　口や腸からの栄養摂取が不可能または不十分な状態で、HPN以外の方法（経管栄養等）では栄養維持ができない病態にあり、高カロリー輸液の投与が必要な療養者が主な適応となります。進行がん、クローン病や短腸症候群といった小腸の栄養吸収機能の著しい低下などがみられる療養者等が該当します。

　加えて、本人・家族がその必要性や処置、緊急時対応等、HPNに関する知識を十分に得たうえで行う意思を示していて訪問看護師や医師・薬剤師・栄養士等の支援のもとに安全に実施できる体制が組まれていることが必要です。

# HPNの種類

HPNは、❶体外式カテーテル、❷皮下埋め込み式カテーテルの2種類です。カテーテルの挿入や抜去は医療機関で行われ、管理のしやすさや生活への制約を考慮して、左右の鎖骨下静脈から上大静脈に至るように挿入されるのが一般的です。内頸静脈や大腿の付け根から留置することもあります。

## ❶体外式カテーテル（体外にカテーテルが出ている）

【メリット】
1. 輸液の交換、接続時に痛みが伴わない。
2. カテーテルの感染や閉塞が起こらなければ、長期間留置状態を保たせることが可能。
3. 留置手術や感染や閉塞を起こした際にカテーテルを抜去する手術も皮下埋め込み式に比べると大がかりでない。

【デメリット】
1. 常時カテーテルがつながっているため身体的・精神的に苦痛がある。
2. カテーテル挿入部から感染の危険がある。
3. 入浴時にカテーテルの保護や定期的なガーゼ交換が必要。

図表4-15　体外式カテーテルの例

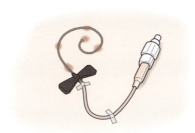

## ❷皮下埋め込み式カテーテル

【メリット】
1. ポート（リザーバー）を皮下に埋め込んでしまうので、ヒューバー針を抜いた状態では皮膚と変わらないため、外見上目立ちにくい。
2. 入浴時のガーゼ保護や定期的なガーゼ交換が要らない。
3. 療養者の生活に合わせた間欠投与が体外式カテーテルよりも安全にできる。

【デメリット】
1. ポートを皮下に埋め込む手術が必要。
2. ヒューバー針を刺す時に痛みが伴う。
3. ポートへの針の抜き差しは確実に行わないと輸液が漏れたり、ポート部に損傷を起こしたりする。

図表4-16　皮下埋込み式カテーテルの例

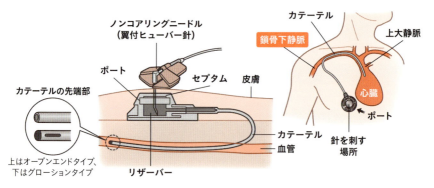

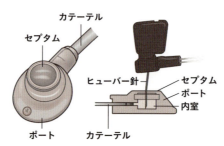

## 輸液の注入方法

在宅における輸液の方法は、本人や家族のライフスタイルを考慮したうえで決定します。24時間の持続方法、間欠的方法（昼間または夜間に輸液を一時中断する）、輸液ポンプによる方法（輸液を一定の速度で注入するために使われます）があります。

**図表4-17** 輸液ポンプ

**図表4-18** トラブルや合併症が起こったときの対処法（例）

| | 状態 | 考えられる原因 | 対処方法 |
|---|---|---|---|
| 1 | 発熱した、高熱が続く | カテーテル感染 | ただちに主治医・看護師に連絡します |
| 2 | カテーテル皮膚挿入部の周囲の皮膚が赤くなっている、腫れている、または痛みがある | カテーテル感染 | ❶指示された消毒液で消毒します<br>❷新しいドレッシング材を貼ります<br>❸なるべく早く主治医・看護師に連絡します |
| 3 | カテーテル（体外式カテーテルの場合）が自然に抜けた、または抜けかけている | カテーテルの自然抜去 | ❶輸液を中止します<br>❷すぐに主治医・看護師に連絡します |
| | | カテーテルを皮膚にとめている糸が外れている | ❶なるべく早く主治医・看護師に連絡します<br>❷主治医・看護師の指示に従い、外れかけた箇所をテープで補強してもらうときもあります |
| 4 | カテーテル（体外式カテーテルの場合）皮膚挿入部から輸液が漏れている | カテーテルの自然抜去 | ❶輸液を中止します<br>❷すぐに主治医・看護師に連絡します |

| | 状態 | 考えられる原因 | 対処方法 |
|---|---|---|---|
| 5 | カテーテルに血液が逆流している | 輸液ポンプを使用していない場合、輸液バッグが心臓よりも低い位置になっている | 輸液バッグを心臓より高い位置にします |
| | | 輸液バッグが空になっている | 輸液バッグを交換します |
| | | 輸液ルートの破損 | ❶破損している輸液ルートをはずします<br>❷ヘパリン生食液を注入して、カテーテルが閉塞していないことを確認します<br>（注入時に抵抗のある場合は、血栓の原因にもなるため、無理に注入せず、主治医・看護師に連絡します）<br>❸新しい輸液ルートに交換します<br>❹不可能な場合はただちに主治医・看護師に連絡します |
| 6 | カテーテルが詰まり、輸液が流れない | カテーテルの閉塞 | ❶カテーテルの閉塞によるものかを確認するためヘパリン生食液を注入します。（注入時に抵抗のある場合は、血栓の原因にもなるため、無理に注入せず主治医・看護師に連絡します）<br>❷注入可能な場合は輸液を続行します<br>❸不可能な場合はただちに主治医・看護師に連絡します |
| 7 | カテーテルが破れている | カテーテルの破損 | ❶カテーテルの修復、または交換をします<br>❷なるべく早く主治医・看護師に連絡します |
| 8 | 輸液ルートやカテーテルに空気が入っている | 輸液ルート交換時に空気が入ってしまった | ❶少量の気泡の場合は問題ありません<br>❷大量の場合はただちに主治医・看護師に連絡します |
| | | 輸液ルートの破損 | 新しい輸液ルートに交換します |
| 9 | 痛みや身体の不調などいつもと違う症状・異常が表れた | 複数の可能性あり | ただちに主治医・看護師に連絡します |
| 10 | 輸液ポンプが作動しない | 電気系統の異常 | ❶接続および充電のチェック<br>❷ポンプの取り扱い説明書を参照します<br>❸わからない場合は看護師に連絡します |

# ケアマネジャーが押さえたいポイント

## 利用者・家族の理解のレベルを把握する

　利用者・家族は、入院医療機関で在宅で用いる機器や、輸液管理に伴う手技や注意事項、緊急時の対応を主治医・看護師から教わっています。ケアマネジャーは、利用者・家族の把握している内容、適切な実施ができているかを退院前カン

ファレンス等で訪問看護師と確認しておきましょう。

　図表4-18のような合併症やトラブルの種類で、緊急性・重要度は異なりますが、輸液の注入がストップして、すぐ生命の危機に陥ることはまれです。慌てず的確な対応ができるように、どんなときに誰が何をするのか、緊急時に連絡するタイミング等も含めて事前に話し合い、利用者・家族を含めたケアチームで情報を共有しましょう。

### 退院前に確認しておきたいこと

　HPNを在宅で行うことに利用者・家族は不安を抱えています。病院でも不安や心配事を聴きながら退院準備をしますが、病院内では、その独特の雰囲気や繰り返し尋ねづらく感じて、わからないことや不安が放置されたままのこともあるようです。退院前に心配なこと、不明なこと等を確認し、もしあれば、医療職に伝えて解消しておきましょう。

### 心理面の情報共有と支援

　在宅で持続的に輸液が実施されることで、利用者は日常生活で活動を抑制せざるを得なかったり、経口摂取ができないことに伴ういら立ちや抑うつなどに陥る可能性もあります。ケアマネジャーはケアチームと心理面についての情報共有と支援も求められます。

・中心静脈栄養法を行っている利用者は、点滴の管理や緊急時の対応などが重要な支援のポイントとなるため、医師や訪問看護師、薬剤師との連携が必須です。常に医療職からの情報を得るようにしておきましょう。
・トラブル時、緊急時の対応方法を利用者、家族、ケアチームで共有しておきましょう。

まとめ

# 06 ストーマ（人工肛門・人工膀胱）

医療的処置を有する状態❻

> **POINT**
> ストーマについて理解し、ケアマネジャーとして利用者や多職種に対して、何に気をつけなければならないのか示す際の留意点を確認しましょう。

## ストーマとは

　ストーマは、ギリシャ語で「口」を意味し、消化管や尿路障害で肛門や膀胱を通じた排泄ができなくなったときに、排泄のルートを確保するために人工的に造った排泄口です。便の排泄口を消化管ストーマ（人工肛門）、尿の排泄口を尿路ストーマ（人工膀胱）といいます。

　ストーマの表面は粘膜でできており、赤色で常に湿っています。ストーマは傷つかないように気をつけます。括約筋もないため、便意や尿意を感じたり、便や尿を我慢できません。自分の意思で排泄コントロールできないため、ストーマの保有者（オストメイト）は自分のストーマについて熟知し、適切な装具等の使用が生活するうえで重要になります。利用者が自分で管理できない場合は、家族や訪問看護師が代わりに担うこともあります。

## 消化管ストーマの適応となる疾患

　消化管ストーマは、ストーマを造設する部位・臓器によって、結腸ストーマ（コロストミー）と回腸ストーマ（イレオストミー）に分けられます。

#### 06 医療的処置を有する状態❻ストーマ（人工肛門・人工膀胱）

**図表4-19** 結腸ストーマと回腸ストーマ

| 結腸ストーマ（コロストミー） | 結腸がん、直腸がん、転移がん、結腸憩室炎、放射線大腸炎、ヒルシュスプリング病、鎖肛、外傷など |
|---|---|
| 回腸ストーマ（イレオストミー） | 家族性大腸ポリポーシス、ガードナー症候群、多発性大腸がん、潰瘍性大腸炎、クローン病、外傷など |

| ●結腸ストーマ（コロストミー） | | | ●回腸ストーマ（イレオストミー） |
|---|---|---|---|
| ●上行結腸ストーマ | ●横行結腸ストーマ | ●下行、S状結腸ストーマ | |
| 残っている部分 | 残っている部分 | 切除された部分 | 切除された部分 |
| 便：水様～泥状 | 便：泥状～軟便 | 便：軟便～固形 | 便：水様（通常の場合） |

## 尿路ストーマ（ウロストミー）の適応となる疾患

尿路に発生した腫瘍や炎症性の疾患などのために正常に排泄ができない場合に、尿路ストーマが造設されます。

**図表4-20** 尿路ストーマ

| 尿路ストーマ（ウロストミー） | 尿管腫瘍、尿道腫瘍、膀胱腫瘍、外陰部腫瘍、前立腺がん、尿路結石、出血性膀胱炎、神経因性膀胱、先天性尿管狭窄、尿道欠損症など |
|---|---|

| ストーマの種類 | | ストーマの位置 | 特徴 |
|---|---|---|---|
| ウロストミー | 回腸導管 | 右 | 回腸の一部を切り離し、この切り離した部分（導管）に尿管をつなぐ。導管の一方は端を閉じ、もう一方を体外に出してつくったもの |
| | 尿管皮膚瘻（両側） | 両側 | 左右の尿管を直接、体外に出してつくったもの |
| | 尿管皮膚瘻（一側） | 左右どちらか | 左右の尿管を1つにまとめて、体外に出してつくったもの |

4 医療職につなぐための医療知識❸医療的処置を有する状態

111

## ストーマ装具とは

　ストーマ装具は、意志に関係なく自然に出てくる排泄物を受け止める袋（パウチ）と、それをお腹の皮膚に貼る粘着部分（主に皮膚保護剤）の面板から構成されています。粘着部分と袋が一体になった「ワンピースタイプ」と、袋の部分が着脱できる「ツーピースタイプ」があります。パウチは原則としてビニールでつくられており、排泄物がもれないようになっています。

※皮膚保護剤は、パウチをお腹の皮膚に固定する役割と皮膚を保護する役割があります。

**図表4-21** ストーマ装具

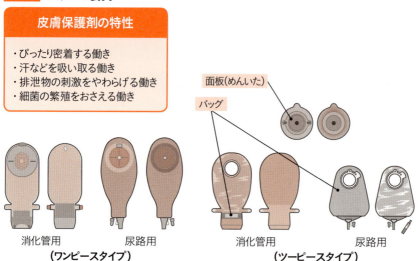

※装具は実費での購入となります。永久的ストーマの場合、身体障害者の等級によって自治体から補助があり、申請すると日常生活用具費として支給されます。ただし、収入によって自己負担が生じるため、行政の担当窓口に確認しましょう。

## 装具の交換の目安

　ワンピースタイプは1〜3日、ツーピースタイプは3〜5日に一度交換します。個人差があるので、交換間隔は状況に合わせます。皮膚保護剤の「ふやけ」と「溶け」を目安にします。

**06 医療的処置を有する状態❻ストーマ（人工肛門・人工膀胱）**

図表4-22 ふやけと溶け

> **ふやけ** 皮膚保護剤が排泄物と接触することで、水分を吸って色が白っぽく変化していくこと。

この「**ふやけ**」がさらにすすむと
（この溶けの早さは個人差があります）

> **溶け** 皮膚保護剤が溶けて流され、フィルムが見える状態のこと。

以上のような「溶け」が、開口部より尿の場合で 5 〜 8 mm、便の場合で 7 〜 10mmくらい、外側まで来たときが交換に適した時期となります。

図表4-23 皮膚保護剤の溶けた部分の交換目安

## ストーマの観察項目

❶ストーマおよび周囲の皮膚に、発赤、皮膚びらん、皮膚潰瘍はできていないか
❷装具がはがれやすくないか
❸下痢や便秘になっていないか
❹出血はしていないか　等

## 食事・水分摂取について

　基本的に食事制限はなく、消化やバランスのよい食事を摂ることが大切です。食事内容や水分摂取により、便の性状の変化や強い臭い、ガスが発生する場合が

113

あり、社会生活に影響を及ぼす可能性があるので、こうした傾向が出やすい食品（図表4-24）を把握し、外出前は控える等の工夫が必要です。また、脱水状態にならないよう適度な水分補給も大切です。

　特にウロストミー保有者の場合は、尿路感染や尿臭、尿結石等の予防にもなるため、十分な水分摂取が必要です。また過度の肥満だと、腹部にしわができるなど装具が安定して装着できなくなるため注意が必要です。

図表4-24　さまざまな特徴のある食品

## 入浴について

　入浴制限もありません。浴槽にも問題なくつかれます。ストーマやストーマ周囲の皮膚を清潔にすることが大切です。入浴は食後1時間は避けて、入浴前にストーマ袋内の排泄物は空にして、装具は付けたまま入浴します。装具の種類に

**06 医療的処置を有する状態❻ストーマ（人工肛門・人工膀胱）**

よっては入浴用のキャップもあります。また装具を外して浴槽に入っても、お湯がストーマ内に入ることはありません。ただし、ウロストミーでは常に尿が出るので、装具をつけたまま入るのが基本です。

## ケアマネジャーが押さえたいポイント

　高齢者がストーマの管理をすることは容易ではありません。入院中に、基本的なストーマケアの指導や日常生活の注意点、起こりうるトラブル等の説明は受けますが、退院後のストーマ管理について不安を抱えていることがほとんどです。どのような不安があるのか聴きましょう。

　病院によっては皮膚・排泄ケア認定看護師（WOCナース）を配置しており、退院後の定期受診時にストーマ外来を受診して相談することが可能です。しかし、在宅環境は十分に把握できないため、ケアマネジャーは利用者・家族の状況を見ながら、訪問看護を導入すべきか否か検討しますが、トラブルを早期発見するためにもなるべく退院直後に導入するほうがよいでしょう。

　ケアマネジャーは、ストーマの状況やストーマが健康やQOL（生活の質）に影響を及ぼす問題の有無等を把握するように努めましょう。具体的には訪問看護に合わせて訪問し、ケアに関する注意事項を一緒に確認するといった手立てがあります。

　ストーマケアは、ある一定の条件下で介護職でもパウチ交換が可能な場合もあります。医師や訪問看護師と連携して、介護職でもケアが可能かどうか確認しましょう。

> ・利用者・家族は、入院中にストーマケアに関する一定の教育を受けています。どの程度理解しているのか必ず確認しましょう。
> ・ストーマの状況や、ストーマが及ぼすQOLの状況、健康やQOLに影響を及ぼす問題の有無等の把握に努めましょう。

# 医療職とスムーズに連携するためには

## 5

### CONTENTS

**01** 医療職と上手につきあう❶医師

**02** 医療職と上手につきあう❷歯科医師

**03** 医療職と上手につきあう❸薬剤師（調剤薬局）

**04** 医療職と上手につきあう❹病院（退院調整看護師・医療ソーシャルワーカー）

**05** 医療系サービスの活用❶訪問看護

**06** 医療系サービスの活用❷訪問リハビリテーション

**07** 医療系サービスの活用❸通所リハビリテーション

**08** 医療系サービスの活用❹居宅療養管理指導

# 01 医療職と上手につきあう❶
## 医師

> **POINT**
> "命を守る"ことがケアマネジャーに求められる最優先の倫理原則です。そのために医師との連携は不可欠です。医師との連携を特別なことと考えず、スムーズな連携を心がけましょう。

## 医師との連携は難しい……

　医療職との連携が必要な理由は第1章で説明しました。医療職のコアとなるのが医師であり、医師との連携は介護保険制度の開始から定番ともいえる悩みといえます。

　ケアマネジャーの声として、「医師は忙しいので、どうしても連絡を控えてしまう」「専門用語が多くて説明されてもわからない場合がある」「緊張してしまい、うまく話せない」「連絡をしてもなかなか返事がない」等が聞かれます。皆さんはどのような理由で難しいと感じているでしょうか？

　反対に、医師はどんなことをケアマネジャーに望んでいるのでしょうか。医師側の声として、「医師の敷居を必要以上に高いと思っているケアマネジャーが多い」「担当になったら連絡をしてほしい」「本人のためにもケアマネジャーと連携したいが、連絡があまり来ない」「ケアプランを作成したら情報をもらえると助かる」「何を聞きたいのかよくわからない」といった意見があるようです。

　根底にあるのは、「医療的な知識を深め、何が知りたいのか具体的に示せるようになってほしい」ということに収束するようです。これは近年、医師がケアマネジャーと連携をしたいという意識が増えてきた表れなのではないでしょうか。

01 医療職と上手につきあう❶医師

**5 医療職とスムーズに連携するためには**

お互いに顔の見える関係づくりを
医師　ケアマネジャー

## 医師との関係づくりと連携システム

　連携は「顔の見える関係づくり」、平たく言えば、「顔見知り」になることが基本です。まずは、担当のケアマネジャーであると知ってもらうことが重要です。皆さんも経験上理解していると思いますが、文字のコミュニケーションは、表情と感情が伝わらずトラブルになることがあります。それを防ぐために、例えば、メールなどでは顔文字等が用いられています。電話でのコミュニケーションは文字と異なり、声の抑揚である程度感情は伝わりますが、顔が見えないことで本当の気持ちが読み取れないといったことが起こります。関係性の基本は、顔を突き合わせて会話することです。表情が見えることに加えて、声という情報で相互の理解が深まり、お互いを尊重し思いやる感情が湧き立ちます。例えば、顔の見える関係があれば、多少意思疎通が困難でも連携はスムーズに進みます。

### 地域ネットワークでの主治医との連携システム

　担当になることが決まったら、主治医と顔合わせをしましょう。医師は多忙なことが多く、面談の時間調整が難しい現状に対応するために、病院や開業医ごとに連絡窓口、日時、方法等をまとめた「連携マニュアル」を作成して、すべてのケアマネジャーが医師と連携できる仕組みづくりをしている地域もあります（図表5-1）。

**図表5-1** 連携マニュアルの一例

| | 月 | 火 | 水 | 木 | 金 | 土 | 対応可能な時間 | TEL／FAX | 備考 |
|---|---|---|---|---|---|---|---|---|---|
| 医療機関名 | × | ○ | ○ | ○ | × | × | 10:00～12:00 | TEL | 電話で事前予約してください。 |
| （院長名） | ○ | ○ | × | ○ | ○ | × | 14:00～17:00 | FAX | |

## 主治医訪問時のポイント

　医療機関には事前に予約して訪問します。緊急時も同様です。相談する際は時間が長くならないように工夫します。事前に相談の目的と具体的に聞きたい内容の概要を伝えておきます。聞きたい内容をメモに箇条書きするなど整理しておきましょう。

　挨拶の際は、名前や所属事業所がわかる名刺や身分証明書を提示します。守秘義務の観点から、身分がわからない人には情報提供してもらえない可能性があります。また個人情報保護の観点から、本人の同意がない場合は情報提供できないこともあります。

## 連絡票等の活用

　関係づくりからも直接の面談が望ましいですが、総合病院の医師等は時間を割くことが難しいこともあります。そのときは「医師とケアマネジャーとの連絡票」等を用いて主治医から指定された方法（面談・FAX・電話・メール等）で相談します（図表5-2）。連絡票の書式が標準化されている地域もあります。

# 医師と連携を取るのはどんなとき?

　情報収集の基本的な内容は、病気の状態、症状、経過、治療内容、投薬内容、今後の病状の予測と悪化時の対処法、心身機能の予後予測とリハビリテーション、看取りに関する予測等があります。

## 1.アセスメント

　利用者・家族から医療情報の提供を受けた後、不明な点を確認したり、主治医意見書の記載内容でわからないことや確認したいことがあったとき等。

01 医療職と上手につきあう❶医師

**図表5-2** 医師とケアマネジャーとの連絡票の例

5

医療職とスムーズに連携するためには

## 医師とケアマネジャーとの連絡票

平成　　　年　　　月　　　日

| 宛先 | 医療機関名 | | | 発信先 | 事業所名 | |
|---|---|---|---|---|---|---|
| | 医師 | | 先生 | | 担当介護支援専門員氏名 | |
| | TEL （　　　）　　　－ | | | | TEL （　　　）　　　－ | |
| | FAX （　　　）　　　－ | | | | FAX （　　　）　　　－ | |

下記の件につきご意見を伺いたいと思います。連絡方法等につきましてFAXにて返信をお願い申し上げます。
なお、情報提供いただくことについては利用者本人及び家族の同意を得ています。

| 利用者 | ふりがな 氏名 | | | | | 介護度 | 申請中　要支援1　・　要支援2 要介護　　1・2・3・4・5 |
|---|---|---|---|---|---|---|---|
| | 住所 | | | | | TEL | （　　　）　　　－ |
| | 生年月日　明・大・昭　　年　　月　　日（　　　）歳 | | | | | 性別 | 男・女 |

| サービス状況 | 月 | 火 | 水 | 木 | 金 | 土 | 日 | その他のサービス |
|---|---|---|---|---|---|---|---|---|
| | | | | | | | | |

| 連絡内容 | ☐ ケアプラン作成にあたり、病状等についての指示・確認など |
|---|---|
| | ☐ 医療系サービスを導入についての意見・相談など |
| | ☐ 福祉用具貸与（購入）についての医学的意見など |
| | ☐ サービス担当者会議について |
| | ☐ 利用者の下記状態についての相談 |
| | ☐ 担当ケアマネジャーになった挨拶 |
| | ☐ その他 |

| 利用者の照会・相談 | |
|---|---|
| | |

## 医師からの回答書（返信）

| | ☐ 連絡票の内容を確認しました。 |
|---|---|
| 連絡方法等 | ☐ 直接会って話をします。 |
| | ☐ 電話で話をします。 |
| | ☐ 文書で回答します。 |
| | ☐ サービス担当者会議に　（　出席　・　欠席　）　※欠席の場合はご意見をお願いします。 |

| 回答・助言等 | |
|---|---|
| | |

平成　　　年　　　月　　　日　氏名

ご不明な点は●●●●●●●●●●●☎●●●●-●●-●●●●（●●：●●～●●：●●）までお問い合わせください。

121

## 2. 主治医意見書の作成前（要介護認定申請等にかかる受診時）

医師が問診では把握しにくい状況があれば、利用者の直近の生活等を伝えることがあります。

## 3. サービス担当者会議

会議の趣旨・内容等を説明し参加依頼をします。主治医からの医療情報は、医療ニーズに対応したケアプランにするためには欠かせません。会議は、参加メンバーが医療情報を共有する場になります。主治医に知ってほしい利用者の普段の様子を知らせることもできます。主治医が出席できない場合、事前にケアプラン原案を提供して、医療ニーズやその他確認事項を通知しておきます。

## 4. 訪問診療への同席や受診時の同行

主治医に伝えたいことや確認したいことがあるとき、医療処置の実際や、利用者・家族の医療に対する理解力を把握したいとき等に同席します。

## 5. 変化があったときや緊急時の対応

利用者の体調が急変する等してケアマネジャーに連絡が入ったら、主治医に連絡して指示を仰ぐときがあります。救急車で搬送される場合に搬送先の病院を主治医に連絡することもあります。

## 6. 利用者の入退院時

入院時に医療連携室等を介して在宅での生活状況等の情報提供をします。退院時は状態により退院前カンファレンスが開催されます。

## 7. 医療系サービスを導入するときや軽度者用の福祉用具を貸与するとき

訪問看護や通所リハビリテーション、軽度者の福祉用具サービスの利用時には主治医の意見を聴取することになっています。

## 8. 在宅看取り

看取りのステージでは、緩和ケア等の状態により頻回に主治医と連携します。

観察事項や心肺停止時の対応等について合意します。

### 9. その他

2018（平成30）年の介護保険制度改正で、訪問介護事業所等から伝達された利用者の口腔に関する問題や服薬状況、モニタリング等の際にケアマネジャー自身が把握した利用者の状態等について、ケアマネジャーから主治医等に必要な情報伝達を行うことが義務づけられました。

## ケアマネジャーから医師への情報提供

医療情報を得ることだけが医師との連携ではありません。ケアマネジャーに集まってくる多職種からの情報は多岐にわたります。例えば、利用者の語り、心身機能、コミュニケーション、基本動作・入浴・食事・排泄・睡眠・清潔、役割や家族の関係性等です。

利用者・家族、サービスを提供する医療・福祉専門職から入手した情報を整理して提供することで、主治医は病態の変化を把握して、治療方針に反映するだけではなく、診察では把握が困難な利用者の治療に対する思いや日常生活の様子を見て取ることができます。ケアプランはもちろんのこと、実際の利用者の暮らしぶりや行動範囲、さらに家族間の事情を併せて提供する等コミュニケーションを重ねることは主治医との信頼関係の構築にもつながります。

> ・主治医となぜ連携を取りたいのか、目的を明確にして、具体的に要点をまとめて伝えましょう。
> ・医療ニーズにかかる情報だけでなく、利用者の治療に対する思いや日常生活の様子の情報提供も心がけましょう。

5　医療職とスムーズに連携するためには

01 医療職と上手につきあう❶医師

# 02 医療職と上手につきあう❷
## 歯科医師

**POINT**
ケアマネジャーは、歯科医師との連携の必要性は、医師より意識しないようです。口腔ケアの重要性を理解し、積極的にアプローチするよう心がけましょう。

## 口腔ケアの重要性

　身体と同じように、口の中にもさまざまな老化現象が起こっています。唾液の分泌量の減少、歯の摩耗、歯茎のやせ、あごや舌の運動機能の低下等によって、高齢者の口の中はトラブルを抱えやすくなっています。気づかずに放っておけば、食べたり話したりという口の機能が衰えたり、低栄養状態になり、体力が低下します。

　また人にとっての食事は、栄養補給という機能的な側面だけでなく、味わうことそのものが楽しみであったり、誰かと一緒に食事をすることでコミュニケーションを楽しむ参加（役割）の場でもあります。食事が困難になることは、生きる楽しみや参加の場の喪失にもつながり、QOLを大きく低下させます。さまざまな疾患にも影響を及ぼすこともわかってきました（図表5-3）。

## 歯科医師との連携

　ケアマネジャーは、利用者がどのような状態のときに歯科診療につなぐのでしょう。例えば、通院が難しい利用者から口腔内について相談があり、訪問歯科診療の依頼等を訪問歯科診療連絡票などを使用してFAXで送るケース等があります（図表5-4）。

## 02 医療職と上手につきあう❷歯科医師

**図表5-3** 歯周病とからだの病気の関係

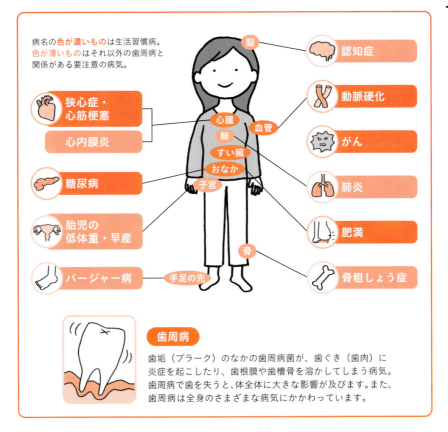

　意外と意識が低いのが口腔ケアです。ケアマネジャーは口腔機能もしっかりアセスメントしなければならず、問題が見つかれば、速やかに歯科医師につなぐことが求められます。

　認知症等で本人の自覚がない、家族の認識が薄い等も多く、う蝕（虫歯）や歯周病等が悪化したり、合わない義歯を放置してしまうケースが発生しがちです。内科等の主治医はいても、歯科医師の主治医はいないという利用者が多いようです。口腔ケアの必要性・重要性を利用者に説明するとともに、口腔内の状態を評価するために訪問や受診による歯科診療を提案して、かかりつけ歯科医を作るようにしましょう。

**図表5-4** 訪問歯科診療連絡票の例

## 取扱い注意　訪問歯科診療連絡票

申込日　　　年　　　　月　　　　日

| ふりがな | | 性　　別 | 男　・　女 |
|---|---|---|---|
| 患者氏名 | | 生年月日 | 明・大・昭・平　　年　　月　　日 |
| 住所または訪問先 | 電話（　　　）　－ | | |
| 主たる介護者 | 氏名：　　　　　　（続柄）　　電話（　　　）　－ | | |
| 緊急連絡先 | 氏名：　　　　　　（続柄）　　電話（　　　）　－ | | |
| 主　訴 | ・歯が痛い　・歯が欠けた　・歯ぐきが（・痛い　・腫れている　・出血している）<br>・入歯が壊れた　・入歯の具合が悪い　・入歯を新しく作りたい<br>・被せたものや詰めたものが取れた　・口腔ケア希望　・その他（　　　　　　） | | |
| 歯科医院に通院できない理由 | | | |
| 医療保険の種類 | ・国民健康保険（本人・家族）・社会保険（本人・家族）・後期高齢者　・生活保護　・その他 | | |
| 訪問希望の曜日・時間 | ・曜日（　　　　　　　　　　）・時間（　　　　　　　　　　） | | |
| かかりつけ歯科医 | 歯科医院名： | 最近受診した日 | 年　　　　月　　　　日 |
| 主治医 | 病院・医院名： | 電　　話 | （　　　）　－ |
| | 担当医師名： | Ｆ Ａ Ｘ | （　　　）　－ |
| 既往歴及び現在かかっている疾患 | ・脳血管障害　　・心疾患　・高血圧　・骨折　・糖尿病　・肝炎　・腎不全（透析）<br>・その他感染症（　　　　　　　　　）・その他（　　　　　　　　） | | |
| 要介護度 | 要支援　1　・　2　　　　要介護　1　・　2　・　3　・　4　・　5 | | |
| 患者さんの状態 | ・寝たきり　・寝たり起きたり（15分程度座れる）　・車椅子等で移動出来る（自力・介助） | | |
| 座位保持 | ・できる　・自分で支えれば可　・支えが必要　・できない | | |
| 移　乗 | ・介助されていない　・見守り等　・一部介助　・全介助 | | |
| 移　動 | ・介助されていない　・見守り等　・一部介助　・全介助 | | |
| 認知症高齢者の日常生活自立度 | 自立　・　I　・　IIa　・　IIb　・　IIIa　・　IIIb　・　IV　・　M | | |
| 特記事項 | | | |

＊この用紙を記入くださった方（連絡票に記載された個人情報は目的以外には使用いたしません。）

| 氏　　名 | | 続　　柄 | |
|---|---|---|---|
| 電　　話 | | 所属事業所名： | |
| Ｆ Ａ Ｘ | | 職　種　名： | |

＊ ご 注 意 ＊

・**太枠（－）で囲った部分は、必ずご記入ください。**
・細枠（－）で囲った部分は、わかる範囲でご記入ください。
・薬を飲んでいる場合は、お薬手帳のコピーを添付してください。
・患者さんの状態によっては、訪問歯科診療の適応でない場合もあります。

【関係者の皆様へ】　＊個人情報の取扱いには十分ご注意ください。

## 口腔機能のアセスメント項目

❶ 歯磨きなどにより衛生状態が保たれているか。

❷ 自分の歯か義歯（入れ歯）、義歯の場合、部分入れ歯か総入れ歯かなど。

❸ かみ合わせに問題はないか。

❹ う蝕（虫歯）や歯周病がないか（痛み、腫れ、出血、口臭など）。

❺ お茶や汁物等でむせることがないか。

❻ 口が渇きやすくないか。唾液は出ているか。

❼ 咀嚼・嚥下の障害はないか。

❽ 発音が悪く、コミュニケーションに問題がないか。

# 歯科医師との関係づくり

　ケアマネジャーと積極的に連携をとりたいと思っている歯科医師が多いようです。アプローチの仕方・連絡の方法は基本的に医師と同じですが、歯科医師の訪問時に同席しその場で情報交換をしましょう。歯科医師にとっては利用者の健康状態、内服薬、生活状況などの情報を得られる場ともなります。ケアマネジャーにとっても口腔状態、具体的な口腔ケアや誤嚥を起こしにくい体位など、ヘルパーなどと共有したい情報を得ることができるでしょう。

---

・口腔ケアを怠ると、食べる・話す等の口の機能が衰えたり、低栄養状態になり体力が低下します。また、食事が困難になると、生きる楽しみや参加の場の喪失にもつながり、大きくQOLを低下させてしまいます。

・口腔ケアの必要性を利用者に理解してもらい、歯科診療を提案し「かかりつけ歯科医」を作るようにしましょう。

# 03 医療職と上手につきあう❸
# 薬剤師（調剤薬局）

> **POINT**
> 薬剤師は、病気の治療や予防のための「薬の専門家」です。薬剤師の役割をしっかり押さえて、積極的に連携できるように意識しましょう。

## 薬剤師との連携

　ケアマネジャーは、どのようなときに薬剤師と連携するのでしょう。利用者は何らかの疾患を抱え、主治医から処方された薬を服用していることが多く、ケアマネジャーはそれらの薬について把握する必要があります。

　しかし、利用者の病歴、服薬歴等の情報も不足し、把握が難しいのが現状です。また、利用者・家族もなぜその薬を飲んでいるのか理解できていなかったり、正しく薬を飲めていなかったり、症状が出たときだけ飲む薬もあります。さらに認知症などで飲み忘れや飲みすぎ等といった服薬コンプライアンスが悪い利用者も多く、ケアマネジャーが把握・判断して服薬支援することは困難です。そのフォローをしてくれる存在が薬剤師といえます。

　居宅療養管理指導で薬剤師がかかわっているケースでも、肝心のケアマネジャーが知らないことも多いと聞きます。これはケアマネジャーと薬剤師が双方の役割を十分に理解できておらず連携システムが確立できていないことの現れです。

　薬剤師もケアマネジャーとの連携を求めています。ケアマネジャーが薬剤師による居宅療養管理指導の必要性を医師に伝え、その結果、居宅療養管理指導の指示が出されることもあります。かかりつけ薬剤師制度も開始されています。薬剤師の役割や制度を理解して積極的に連携・活用するようにしましょう。

## 図表5-5 在宅で薬剤師ができること

| | |
|---|---|
| 薬の説明 | ■処方された薬の効能・効果を説明<br>■副作用の有無の確認<br>■副作用発生時の医師への報告と対応 |
| 薬が飲みにくい場合の工夫・提案 | ■剤形の変更を提案<br>■苦味を除くための工夫<br>■嚥下補助ゼリーやオブラートを活用<br>■簡易懸濁法の提案 |
| 薬の保管・管理方法 | ■残薬の整理<br>■服用時点ごとに薬を一包化<br>■服薬カレンダーなどを利用し、飲み忘れ防止のための工夫とアドバイス<br>■吸湿防止や遮光の必要な薬の管理方法についてアドバイス |
| 麻薬の適性使用 | ■麻薬の剤形選択や用法、用量についての助言<br>■麻薬の副作用の確認と報告<br>■不用になった麻薬の回収と適正処分<br>■患者さん以外の方へ不正に使用することを防止 |
| 併用薬や健康食品との飲み合わせ | ■他科受診による併用薬との飲み合わせの確認<br>■処方薬と一般用医薬品（OTC医薬品）の飲み合わせの確認<br>■処方薬と食品や健康食品の飲み合わせの確認 |
| 介護・衛生などの相談 | ■ケアマネジャーの紹介<br>■介護用品の提供<br>■生活環境の指導 |
| 住環境などを衛生的に保つための指導・助言 | ■シーツやお住まいの消毒方法等についての説明 |

薬剤師＝薬の配達人にならないように頑張っています。

# 薬剤師の役割

- **処方せんに基づいた調剤**

  医師から出された処方せんに基づき患者の状態に応じた調剤を行う。患者の状態に合わせて、一包化の調剤も行う

- **利用者宅への医薬品・衛生材料の供給**

  内服薬や輸液、経管栄養セット等の材料の供給

- **薬歴管理**

  薬剤を適正使用するために重複投与を避けたり、副作用防止・服薬指導に役立てるために服薬歴を作成し管理する

- **服薬指導**

  服薬時間・服薬回数・服薬量や効果等や注意したい副作用等を説明する

- **服薬・保管状況の確認**

  服薬指導されたように、使用方法や使用量を正しく服薬されているか確認し改善が必要なときはアドバイスをする

- **副作用等のモニタリング**

- **在宅医師への処方支援**

  最適な処方ができるよう患者に飲みやすい剤形や服用時間等の提案をする

- **残薬の管理**

  残薬の状況や症状を確認し医師に連絡し、処方の見直しや処方量の提案をする

- **麻薬の服薬管理**

  痛みに応じて適切な量の薬剤が処方されているか、麻薬の保管方法を適切に行えているか、残薬はできるだけ返却するようにといった指導をする

- **ケアマネジャー等の医療福祉専門職との連携・情報共有**

- **医療福祉専門職への薬剤に関する教育**


# かかりつけ薬剤師とは

　2016（平成28）年4月から、薬局で「かかりつけ薬剤師制度」がスタートしています。かかりつけ薬剤師は薬による治療や健康や介護に関して豊富な知識と経

験をもち、患者や生活者のニーズに沿った相談に応じることができる薬剤師であり、以下の機能を有しています。

## ❶利用者の服薬状況を1か所の薬局でまとめて管理・継続して行う機能

薬を安全・安心に使用できるように、処方薬や市販薬等使用している薬の情報を1か所で把握し、薬の重複や飲み合わせのほか、薬が効いているか、副作用がないか等を継続的に確認します。複数のお薬手帳を持っている場合は、1冊に集約できるように提案します。

## ❷24時間対応や利用者の自宅に訪問し在宅対応を行う機能

休日や夜間など薬局の開局時間外も、電話で薬の使い方や副作用等、薬に関する相談に応じています。必要に応じて、夜間や休日も処方せんに基づいて薬を渡すこともできます。外出が難しい利用者の自宅を訪問して薬の説明をしたり、残薬の確認も行います。

## ❸処方医や医療機関と連携する機能

処方内容を確認し、必要に応じて医師への問い合わせや提案を行います。薬を渡した後も利用者の状態を見守り、その様子を処方医にフィードバックしたり、残薬の確認を行います。薬だけでなく広く健康に関する相談にも応じて、医療機関への受診を勧めることもあります。

・薬剤師の役割や制度を理解し積極的に連携しましょう。
・薬の知識不足等で医師に相談ししにくい場合などは薬剤師が調整してくれることがあることを押さえておきましょう。
・かかりつけ薬局の制度を知り、利用者に説明し活用できるようにしましょう。

まとめ

# 04 医療職と上手につきあう④
## 病院(退院調整看護師・医療ソーシャルワーカー)

> **POINT**
> 重要な連携機関である病院。入退院時等に連携する看護師と医療ソーシャルワーカーの役割を理解しましょう。また、連携するタイミングや方法についても押さえましょう。

## 退院調整看護師・医療ソーシャルワーカー(MSW)とは

　病院によって名称は異なりますが、医療福祉相談室、地域医療連携室といった部署に退院調整看護師や医療ソーシャルワーカー(MSW)が配置されています。

　退院調整看護師は自宅への退院調整、MSWは転院や施設入所等の調整を担当するケースが多いようですが、業務の分け方は病院によってさまざまです。

　連携先となる病院の在宅復帰のための担当窓口がどのようなシステムになっているのか確認しておきましょう。しかし、退院調整看護師やMSWがすべての入院患者を把握している病院はごく一部で、独居高齢者や退院後の支援が必要と思われるような患者は、まず病棟医師・看護師が把握し、院内連携で依頼されて初めて退院調整看護師やMSWがかかわるところが多いでしょう。

## 入院時の連携

　病院では、治療と並行して、早くから退院に向けた支援を行います。自宅の環境や介護状況等が退院のハードルになることもあるので、入院前の利用者・家族の情報が重要になります。

　医療職が求める情報は患者によって異なるため、医療連携室と連絡を取り必要な情報提供をします。病院が求める情報の一例を以下に記します(図表5-6)。

## 04 医療職と上手につきあう ❹病院（退院調整看護師・医療ソーシャルワーカー）

### 図表5-6 病院が求める情報の一例

- 本人・家族の在宅療養や入院に対する希望や意見など
- 入院前の心身の状況（疾患・病歴・ADL・認知機能・BPSDの有無など）
- 薬の状況
- 本人の性格・嗜好
- 家族構成（同居者の有無と続柄）
- 家族状況（キーパーソン・介護者の介護力や介護方法・サービスの利用状況）
- ケアマネジャーからみた家族像、家族関係
- 経済状態　等

入退院連携シートが標準化されている地域や独自に作成したシートを活用している病院も多いようです（図表5-7）。

### 図表5-7 入退院連携シートの例

では、こうした情報をいつまでに誰に渡すことが望ましいのでしょう。病院では、入院当日〜3日以内には病棟看護師やMSWに情報提供するのが一般的です。2018（平成30）年の介護保険制度改正により、入院時情報連携加算では入院後、3日以内の情報提供が新たに評価されました。情報提供の窓口が決められている病院もあるので、事前に確認しておきましょう。

　医療職への情報提供は、病状や入院期間の目安、予後等を確認できるよい機会です。郵送等ではなく、なるべく病院へ出向くようにしましょう。個人情報の取り扱いが厳しくなっているため、本人・家族の同意を得ているか確認されることもあります。居宅介護支援の契約時に個人情報の提供について同意を得ていることを伝えましょう。

　利用者の急な入院にも対応可能なように、日頃からアセスメント情報を整理しましょう。緊急入院した場合、病院では患者の担当ケアマネジャーが誰なのかすぐにはわからないことがあるようです。❶医療保険証、❷介護保険証、❸お薬手帳、❹担当ケアマネジャーの氏名がわかるように、名刺の添付・記載をしておき、この4点を「入院時セット」として、入院の際には持参するように伝えておきましょう。2018（平成30）年の介護保険制度改正において、入院時に担当ケアマネジャーの氏名等を入院先医療機関に提供するよう依頼することが義務づけられています。

## 退院前の連携（継続利用者のケース）

　利用者の入院中、病院から退院の連絡があるまで待つのではなく、病院の病棟看護師やMSW等に時々連絡をしたり、状況把握のための訪問をする等して、顔の見える関係づくりをしておきましょう。概ねの退院日や病状、院内でのADL、家族の状況等についての情報収集も大切です。入院期間の目安はあらかじめ伝えられていることもありますが、ケアマネジャーが実際に動き始めるのは退院が決定してからが多いと感じます。病院はできるだけ短期間で治療して早期退院を目指すため、主治医による退院日の判断が直前になることも多いようです。MSWや退院調整看護師への連絡がギリギリになることもあります。病院からの急な退院連絡に困った経験のあるケアマネジャーは少なくないでしょう。対策としては、こまめに病棟看護師やMSW等に情報収集を行いながら、急な退院連絡に備えておくことが挙げられます。

　利用者は入院前と比べて状態が変化し、退院後は医療系サービスの導入や住宅改修、福祉用具の導入等の検討が必要となるでしょう。そうした調整の必要性をあらかじめ想定しておくと退院支援がスムーズにいきます。


## 退院前の連携（新規利用者のケース）

　新規の利用者については、❶病院の退院調整看護師、病棟看護師やMSWが直接依頼するケース、❷地域包括支援センターが依頼するケース、❸家族が事業所に直接依頼するケース等が考えられます。

　電話での依頼も多いと思いますが、依頼を受けた後はまず大まかな情報収集を行います。以下が、退院調整時のインテークにおける情報収集のポイントです。

- 病状：病名、入院日、医療機器の有無、ターミナル期かどうか、退院時期
- 介護保険情報：介護申請の有無、要介護度、区分変更の有無
- 家族構成：キーパーソン、介護力
- 認知能力：理解度、認知症の有無　等

　利用者・家族と面接をする前に、これらの項目を事前に把握していると、どの程度迅速に対応しなければならないのか予測を立てることができます。その後、早めに利用者・家族と面談する日、病棟への訪問日を病院側と調整します。

# 退院前カンファレンス（退院支援）

　退院前カンファレンスは病院側が主催する会議で、利用者をスムーズに在宅生活へつなぐために、病院と在宅側の多職種が情報や意見を交換する場です。

　以下の項目が、退院前カンファレンスの目的として挙げられます。

- スムーズな在宅への移行
- 在宅の状況に合わせた退院準備
- 医療やリハビリの継続についての情報・意見交換
- 病状と今後の見通し
- 医療処置や注意点などについての情報の共有
- 患者・家族の不安感の軽減
- 緊急時の対応についての情報の共有
- 患者の意欲、地域の社会資源、介護力の情報の共有　等

　カンファレンスはサービス担当者会議※とは見なされないため注意しましょう。病院は、すべての患者に退院支援を行うわけではありません。開催を希望する場合には、病棟訪問時に意向を伝えましょう。

**04 医療職と上手につきあう❹病院（退院調整看護師・医療ソーシャルワーカー）**

退院支援が必要となる患者とは、独居や家族の介護力不足や医療機器を使用する等、医療ニーズが高いと考えられます。以下のような情報収集をして、退院後の準備にとりかかりましょう。

---

・病状（疾患名や重症度、入院中の治療のプロセス）

・予後（今後の病状・治療の見通し、進行する疾患ならば期間の予測、必要な医療ケアなど）

・日常生活の注意点（食事、入浴、排泄など生活における注意点）　等

---

※退院前カンファレンスでの情報共有した内容を基にケアプランを作成します。サービス担当者会議とはケアプランの内容について、サービス担当者に専門的な見地から意見を求めることを通じて、ケアプランの内容を高めていく（運営基準第13条第9号）こととされています。

・病院は入院時から退院支援を開始しています。利用者が入院後早期に病院の看護師・MSWに必要な情報提供をしましょう。

・退院支援がスムーズにできるように、入院中も状態把握のために看護師・MSWに連絡を取りましょう。

・退院カンファレンスの必要性を明確にし、時には病院に開催依頼することも求められます。

＼まとめ／

# 05 医療系サービスの活用❶
# 訪問看護

> **POINT**
> 訪問看護の特徴や役割、サービス内容を理解し、活用できるようにしましょう。

## サービスの概要

　訪問看護は、主治医から交付される訪問看護指示書に基づき、看護師等が居宅を訪問して利用者の看護を行うサービスです。医師をはじめとする多職種と連携しながら、疾患および心身機能におけるニーズに対応し、介護予防から看取りまで、利用者の状態に沿った多様な対応が可能です。居宅という日常の場で看護を受けられるため、利用者が安心できて、受診にかかる負担が軽減できるのが特徴です。

## 訪問看護を提供する機関

　訪問看護ステーション、医療機関（病院・診療所）、地域密着型サービス（定期巡回・随時対応型訪問介護看護事業所、看護小規模多機能型居宅介護事業所）、民間企業等が行う自費の訪問看護サービスがあります。

## 訪問看護の従事者

　看護師・准看護師・保健師・助産師（健康保険法の指定を受けた訪問看護ステーションの場合は、助産師が含まれる）が行います。
　また、理学療法士・作業療法士・言語聴覚士も、医療保険・介護保険サービス

**05 医療系サービスの活用❶訪問看護**

**図表5-8** 介護保険の利用者でも訪問看護は医療保険の扱いになる疾病等

①末期の悪性腫瘍
②多発性硬化症
③重症筋無力症
④スモン
⑤筋萎縮性側索硬化症
⑥脊髄小脳変性症
⑦ハンチントン病
⑧進行性筋ジストロフィー症
⑨パーキンソン病関連疾患
　（進行性核上性麻痺、大脳皮質基底核変性症、パーキンソン病（ホーエン・ヤールの重症度分類がステージ3以上であって生活機能障害度がⅡ度又はⅢ度の者に限る））

⑩多系統萎縮症
　（線条体黒質変性症、オリーブ橋小脳萎縮症、シャイ・ドレーガー症候群）
⑪プリオン病
⑫亜急性硬化性全脳炎
⑬ライソゾーム病
⑭副腎白質ジストロフィー
⑮脊髄性筋萎縮症
⑯球脊髄性筋萎縮症
⑰慢性炎症性脱髄性多発神経炎
⑱後天性免疫不全症候群
⑲頸髄損傷
⑳人工呼吸器を使用している状態

における「訪問看護」の範疇（はんちゅう）で訪問リハビリテーションを実施します。

## 訪問看護の利用（介護保険と医療保険の違い）

・介護保険の場合：要支援者または要介護者であって、主治医が訪問看護（介護予防）の必要を認めた人が対象
・医療保険の場合：疾病、負傷等により居宅で継続して療養を受ける状態にあり、主治医が訪問看護の必要を認めた人が対象
・要支援・要介護者が医療保険で対応する場合：他法に優先するため、介護保険で訪問看護を利用できる人は医療保険では利用できません。ただし、急性増悪期や退院直後など主治医の判断に基づいた場合の訪問看護（「特別訪問看護指示書」が必要）、がん末期・神経難病など厚生労働大臣が定める疾病に対する訪問看護は医療保険で対応します（図表5-8）。

## 訪問看護の内容

### 健康状態と病状観察

　バイタルサインの測定（体温、脈拍、血圧、酸素飽和度、呼吸の状態）をし、全身の健康状態（皮膚の状態、意欲、意思疎通、認知・精神状態、睡眠状態、栄養状態、排泄状況等）を観察します。バイタルサイン測定値や全身状態に変化があれば早期に発見し重症化を防ぐための手立てや助言を行います。必要に応じて主治医に連絡を取り医療ケアの必要性を確認します。

### 医療的ケア

・主治医の指示に基づく医行為（点滴注射、褥瘡・創傷処置等）
・医療機器や器具使用者のケア（経管栄養法管理、さまざまな留置カテーテルの管理、在宅酸素療法管理、吸引、人工呼吸器使用上の管理等）
・服薬管理（薬剤師とも連携して副作用の有無も確認する）
・急変、急性増悪等による緊急時対応（24時間体制をとっている場合）

### 日常生活の支援

　以下のケアは訪問介護員でもできますが、訪問看護師は観察、管理も兼ねてケアを行っています。

・清潔ケア（入浴介助、清拭、洗髪、足浴等）
・栄養管理およびケア（食事摂取への支援、脱水予防等）
・排泄管理およびケア（排泄のコントロール、ストーマ管理、適切なおむつ使用等）
・療養環境の整備（適切な福祉用具の使用等）

### 認知症その他精神障害の人の看護

・1人ひとりの認知状の理解をして中核症状、BPSD（認知症の行動・心理症状）に対する対応を主治医、家族、ケアチームと協働してケア
・その他精神症状に対する看護

### 終末期の看護

・本人・家族の精神的支援を行いながら、疼痛、スピリチュアルペイン等の緩和ケア（服薬コントロール、体位の工夫、マッサージなど）
・看取りの体制への相談・アドバイス
・亡くなった後は遺族へのグリーフケア

**リハビリテーション**

　看護師が行うリハビリテーションとセラピストが行うリハビリテーションがありますが、双方連携して行っています。
・ADL・IADLの維持・向上のための訓練
・安楽または肺炎や褥瘡等の合併症の予防のための体位変換やポジショニング
・関節の拘縮予防のための関節可動域訓練等の実施と指導
・福祉用具（ベッド・ポータブルトイレ・車椅子・自助具等）の利用相談と支援
・外出の支援

**家族等介護者の相談・支援**
・精神・心理状態を安定させるためのサポート
・安楽な介護方法を助言したりケアマネジャーと連携して家族の介護負担を軽減し介護が維持できるよう支援
・家族の健康管理、日常生活に関する相談
・患者会、家族会、相談窓口の紹介等

**社会資源の活用方法**

　地域包括支援センター、ケアマネジャーなどと連携して保健・医療（公費負担医療制度、医療費助成制度等の活用支援）・福祉の制度の紹介や導入、各種関連機関の住宅サービス提供機関との連絡や調整を行います。

# 訪問看護師との連携、活用について

ケアマネジャーはどのようなニーズを感じたときに訪問看護師を必要と考えるのでしょう。ケアマネジャーと訪問看護師で最も温度差があるのが「導入のタイミング」です。「これくらいの症状で訪問看護を依頼していいのだろうか」「これくらいの症状ならまだ必要ないだろう」と逡巡してしまう場面も多いのではないでしょうか。訪問看護師側は「状態が悪化してからではQOLの維持・向上につながらないため、状態が悪くなる前からの利用者との関わりが最も大切」と早めの導入を要望しています。

退院前に病院の医師・看護師から依頼がある医療ニーズの高い場合や医療処置、医療機器や服薬管理等が必要な場合は比較的早期に導入していることが多いようです。しかし、疾患によっては訪問看護の役割には早期からの病状観察もあります。特に慢性疾患をもつ利用者等では、悪化予防のために導入することも必要です。つまり、予防的ケア・病気の悪化予防・入院するか否かの判断等、医療的な視点が必要なさまざまな部分で力になってくれます。

利用者は何らかの疾患を抱えており、全く訪問看護の対象とならない利用者を探すほうが難しいともいえます。導入を迷うときには、早めに医師や訪問看護師に相談しましょう。

訪問看護の質は、利用者の支援にとても影響力をもちます。信頼できる連携先である訪問看護ステーションを探しておきましょう。しかし、どの訪問看護ステーションを使うかは訪問看護指示書を交付する医師の判断による場合もあります。信頼しているステーションがあるのならば、日頃から医師とのやりとりについて、ステーションに相談しておきましょう。例えば、「あの先生はステーションの選定をケアマネジャーに任せてくれる」「ほかに懇意にしているステーションがある」といった情報や医師の人となりを教えてくれます。そういった情報を基に医師に依頼するときの方法を考えることもできます。医師に聞きにくいこと等があれば橋渡しの役割も担ってくれます。

ケアマネジャーが医師への訪問看護依頼の際には、訪問看護の導入の根拠と目的をしっかり伝えることが重要です。「Aさんは〇〇のため、××の目的で訪問看護の導入が必要と思うのですが、いかがでしょうか」とあくまでも医師の判断に基

づくことを基本として相談をもちかけることが、スムーズな連携につながります。

#### 図表5-9　訪問看護を導入したほうがよい状態像

Ⅰ. 医療器具等を装着している状態
　　①経管栄養法を使用している
　　②人工呼吸器を使用している（侵襲（気管切開している状態）、非侵襲（マスク使用））
　　③吸引が必要な人
　　④在宅酸素療法を受けている
　　⑤ストマ装着者（人工肛門・人工膀胱）
　　⑥膀胱カテーテル留置
　　⑦中心静脈栄養（NPN）、持続点滴を受けている
　　⑧インスリン等の自己注射をしている

Ⅱ. 慢性疾患で入退院を繰り返している

Ⅲ. 状態が悪化し在宅生活に支障がある

Ⅳ. 退院後の生活に不安がある

Ⅴ. ターミナルケア

Ⅵ. 在宅でリハビリテーションが必要（訪問看護ステーションからのリハビリ）
　　脳卒中後遺症の障害がある、神経難病がある、転倒を繰り返す等

Ⅶ. 認知症や精神疾患で生活に支障がある　　　　等

---

> - 医療ニーズの高い場合だけでなく、慢性疾患をもつ利用者については悪化を予防するために訪問看護を導入することも必要です。
> - 信頼できる訪問看護ステーションを見つけておき、日頃から相談できるような関係づくりをしておきましょう。
> - 訪問看護師は主治医との橋渡しの役割も担ってくれるので、医療との連携の目的でも活用することができる旨、押さえておきましょう。

05 医療系サービスの活用❶訪問看護

医療職とスムーズに連携するためには

# 06 医療系サービスの活用❷
# 訪問リハビリテーション

> **POINT**
> 訪問リハビリテーションの特徴や役割、サービス内容を理解し、活用できるようにしましょう。

## サービスの概要

　訪問リハビリテーションは、病院、診療所、介護老人保健施設の理学療法士（PT）、作業療法士（OT）、言語聴覚士（ST）が、居宅での日常生活におけるADL・IADLを実際に確認しながらアプローチできるのが特徴です。

　例えば、居間の座椅子から立ち上がり、台所まで歩いて行き立って調理をするといった日常的な活動の流れを把握し、そのプロセスのどこが自立できて、どの部分に支援を要するのか、その活動の改善には心身機能のどこにどのようにアプローチすればよいのか具体的に把握できます。

## サービスの内容

### ❶身体機能のリハビリテーション
　関節拘縮予防、体力維持、改善、褥瘡予防、自主トレーニングの指導等

### ❷日常生活動作のリハビリテーション
・居宅における実用的な基本動作訓練（寝返り、起き上がり、歩行練習、移乗動作）、日常生活動作訓練（食事や更衣、入浴、トイレ動作等）
・介護者への介助方法指導

### ❸その他
・介護者の負担軽減に関する相談・アドバイス

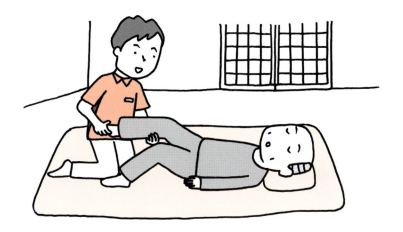

- ターミナルケアにおける苦痛の緩和等
- 訪問介護員（ホームヘルパー）に対する助言・指導

## サービスの利用

　訪問リハビリテーションは、介護保険のほか、医療保険でも利用できます。原則として、要介護認定を受けている方は介護保険が優先されます。65歳未満や65歳以上で要介護認定を受けていない方は医療保険で利用することになります。

　介護保険で訪問リハビリテーションを利用する場合は、主治医に利用したい旨を伝えて、訪問リハビリテーション指示書を3か月に1回、発行してもらいます（医療保険の場合、1か月に1回の発行が必要）。

　ケアマネジャーはアセスメント後、訪問リハビリテーションの利用を判断すると主治医に依頼します。許可がおりると事業所を選定し、リハビリテーション専門職がケアプランを踏まえて作成したリハビリテーション実施計画書に基づいてサービスが開始されます。リハビリテーション実施計画書は、実施した訪問リハビリテーションの効果や実施方法等の評価を踏まえて、主治医の医学的判断に基づき、定期的に見直しが行われます。主治医から訪問リハビリテーション事業所へ診療情報書が提出され、事業所の担当医師が診療し、リハビリテーションの指示・処方をする地域もあります。

# 訪問リハビリテーションとの連携

　訪問リハビリテーションの依頼にあたって明確にしておきたいのは、利用者が何に支障を感じているのか等の"思い"です。それによって、リハビリテーションを継続するための動機づけとなる"望む暮らし"を把握できます。

　反対に、リハビリテーションの必要があるにもかかわらず、ニーズを理解できない、感じていない場合もあります。在宅において、ADL・IADLにどのような支障があるのか、どのような役割の制約があるのか生活の具体像等のポイントを伝えることで、リハビリテーションのゴールと、活動に関連する心身機能の評価、障害となる物理的環境等の評価が可能となります。

# 活用したほうがよい状態と場面

## ❶主な状態

・筋力が低下して歩行等の基本動作に不安がある、転倒等のリスクが高い。

・ADL・IADLの制限、役割の制約がある。

・麻痺や拘縮がある。

・言葉がはっきり出せずに会話に支障がある。

・食事中にむせ込むようになった。

・どんなリハビリを行えばよいかわからない。

・福祉用具の使い方がわからない。

## ❷主な場面

・**退院直後からの利用**

　入院を契機にADLが低下する利用者が多くみられます。また、在院日数の短縮から回復期リハビリテーション途中での退院も少なくない現状です。そのような場合、退院直後から訪問リハビリテーションを集中して利用することにより、ADL・IADLの回復が期待できます。

・**通所リハビリテーション利用までのつなぎとして**

　退院後や要介護状態になったばかりの利用者には集団で行う通所サービスの

06 医療系サービスの活用❷訪問リハビリテーション

利用に抵抗を示す人も少なくありません。他人に見られたくない、集団に入る自信がない、外出する自信がない、理由はさまざまですが、通所リハビリテーションのつなぎとして期間限定で訪問リハビリテーションを利用する方法も1つです。

・**リハビリテーションを評価してもらう**

自立を阻む心身機能障害や阻害的な物理的環境を評価しアプローチします。例えば、「これからもこの家で家族と暮らす」のが望む暮らしで、「トイレに自分で行ける」ことが、その達成のための目標なら、ベッドや居間からトイレまでの基本動作を確認しそのプロセスのどこが困難か等を評価し、機能訓練リハビリテーションや住宅改修、福祉用具を導入する等します。リハビリテーション専門職は実現可能な目標の立て方が上手く、小さな目標を積み上げていく手法に秀でています。

・**難病にも有効**

進行性の難病の場合、身体機能のレベル低下を緩やかにするために訪問リハビリテーションの活用は有効です。状態が変化したとき、次の手立てを打つための役割も担い、拘縮予防の体位指導や関節可動域訓練もできます。

・**ターミナルケアにおける苦痛の緩和やQOLの向上**

終末期リハビリテーションとしてターミナルケアにおいても効果を発揮できます。例えば、安楽な身体の向きや呼吸苦を改善する呼吸リハビリテーション等です。QOLを向上できる利用者に合ったプログラムを考えたりもします。

・訪問リハビリテーションは、居宅という日常生活環境における活動を確認しながらアプローチできるのが特徴です。
・利用者の"思い"を聴かせてもらうことで、リハビリテーションを継続する動機づけとなる"望む暮らし"を把握できます。
・リハビリテーション専門職は、心身機能障害や物理的環境を評価してアプローチします。

まとめ

# 07 医療系サービスの活用❸
## 通所リハビリテーション

> **POINT**
> 通所リハビリテーションの特徴や役割、サービス内容を理解し、活用できるようにしましょう。

## サービスの概要

　通所リハビリテーションは、在宅における日常生活の維持・改善を目的に通所によりリハビリテーション専門職がリハビリテーションを実施します。

　同じ通所系サービスですが、通所介護が食事、入浴、排泄といったADLやレクリエーションなど日常生活の延長線に重点を置くのに対して、通所リハビリテーションは心身機能およびADLの維持・改善を目的としたリハビリテーションに重点を置きます。

　サービス提供機関は、介護老人保健施設、病院、診療所その他厚生労働省が定める施設です。従事者は医師・理学療法士・作業療法士・言語聴覚士・看護師・介護福祉士等です。

## サービスの特徴と内容

　通所リハビリテーションの特徴は、事業所に通って、専門的な道具や機器のある環境で専門職によるリハビリテーションを受けられることです。専門職による心身機能の評価がなされ、心身機能に直接アプローチするリハビリテーション、基本動作やADLの改善等を目的としたリハビリテーションを行います。他にも、集団活動で利用者同士が一緒に楽しむことができます。そこに友人としての役割が生まれ、コミュニケーションの活性化が図られることで、心身機能や基本動作

図表5-10　通所リハビリテーションの主な内容

・送迎
・バイタルチェック（体温・血圧・脈拍などの測定）
・食事や入浴などのADLにかかるサービス
・運動器具を使用した機能向上訓練
・栄養改善の指導
・口腔機能向上の指導
・ゲームや創作など、レクリエーション活動　等

の改善という生活機能の良循環を用いたリハビリテーションも実施されます。
　こうしたリハビリテーションは、認知症等でリハビリテーションの目的が理解できない、記憶に留まらないために継続性が担保できない利用者に効果的です。
　通所リハビリテーションの内容は、一般的には図表5-10のような内容になります。ケアマネジャーは個別リハビリや集団リハビリの手法、リハビリ以外のサービス内容、1日のプログラムのタイムスケジュール（図表5-11）、専門職の配置状況等、事業所の特徴をとらえて、体験利用など利用者とのマッチングが必要といえます。

図表5-11　通所リハビリテーション利用時の1日のタイムスケジュール例

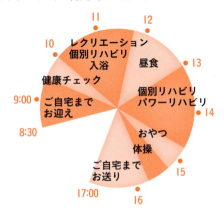

## サービスの利用

通所リハビリテーションを利用する際には、主治医に診療情報提供書等を記入してもらう必要があります。必要事項を記入する際の文書料と利用に必要な検査にかかる診療費も別途必要になりますので、利用者に事前の説明が必要です。

## 通所リハビリテーション計画

通所リハビリテーション計画の作成には次のような条件が求められます。
❶ 医師の指示のもとに行われること
❷ 各職種が共同して作成すること
❸ ケアプランの内容に沿って作成されること
❹ 実施状況および評価を診療記録に記載すること
❺ 利用者または家族に説明し同意を得ること

ケアマネジャーが作成したケアプランの内容に沿って通所リハビリテーション計画が作成されるため、生活（ADL・IADL・役割）のどこをどう維持・改善するために通所リハビリテーションが必要なのかを具体的に示す必要があります。

## 活用したほうがよい状態と場面は?

通所リハビリテーションと訪問リハビリテーションのどちらを導入するかは、利用者のニーズに沿って選ぶ必要があります。通所リハビリテーションと訪問リハビリテーションは併用が可能ですが、それぞれの長所・短所（図表5-12）を理解し、2つのサービスに求めるニーズを明確にしなければなりません。

市町村によっては、併用が認められないことがあるため、2つのサービスの併用を考える場合は市町村への確認も必要です。通所が難しい方に自宅でリハビリテーションを行ったり支援を提供するという基本事項も押さえておきましょう。

図表5-12 通所リハビリテーションと訪問リハビリテーションの長所・短所

| | 【長所】 | 【短所】 |
|---|---|---|
| 通所リハビリテーション | ・専用のリハビリ機器など、リハビリテーションを受けるための環境が整っている<br>・食事や入浴といった、リハビリテーション以外のサービスが受けられる<br>・他の利用者と交流する機会があり、閉じこもりの解消にも効果がある。認知症の利用者のリハビリテーションという意味でも効果的 | ・自宅での手すりの使いこなしなど、日常生活に沿った実用的な訓練については限度がある<br>・1対1の訪問リハビリテーションに比べると、1人の利用者への目配りや個別メニューには限度がある<br>・退院直後など体力が回復するまでは、利用者本人への肉体的な負担が大きい |
| 訪問リハビリテーション | ・住み慣れた自宅で、日常生活と環境に即した実用的な訓練を受けられる<br>・1対1でサービスが受けられるため、きめ細かな部分まで目配りが可能<br>・利用者のペースで訓練を受けることができる | ・大型のリハビリ機器を使えないため、訓練の手段が限定される<br>・食事や入浴といった、リハビリテーション以外のサービスが受けられない<br>・他の利用者と交流することができない |

> **まとめ**
> ・通所リハビリテーションの特徴は、専門的な道具や機器のある環境において、専門職によるリハビリテーションを受けることができることです。
> ・訪問リハビリテーションと通所リハビリテーションのどちらを導入するかは、両方のメリット・デメリットを理解して選びましょう。

# 08 医療系サービスの活用❹
# 居宅療養管理指導

> **POINT**
> 居宅療養管理指導の特徴や役割、サービス内容を理解し、活用できるようにしましょう。

## サービスの概要

　居宅療養管理指導は、通院が困難な利用者の自宅を訪問して、療養上の管理や指導、助言を行うサービスです。医療保険の往診や訪問診療とは異なり、治療や投薬、検査は行いません。医療と介護をつなぐために介護保険サービスの関係者に情報提供をしてバックアップするものです。職種（医師・歯科医師・薬剤師・訪問看護師・管理栄養士・歯科衛生士等）によってケアプラン作成等に必要な情報をケアマネジャーに提供することが義務づけられています。

※医師・歯科医師の判断に基づき行われるため、介護保険の他サービスと異なり、ケアマネジャーが作成するケアプランの支給限度額管理の対象とはなりません。

## 対象となる利用者像

　対象となる利用者は、主に以下のような人々です。
・治療が難しい疾病をもっている（糖尿病、心不全、慢性呼吸不全、慢性腎臓病、がん、褥瘡等）
・病状が不安定で悪化、再発、合併症を起こしやすい（脳卒中、嚥下障害等）
・生命維持に必要な器具（在宅酸素療法、気管カニューレ、胃瘻等）をつけている
・リハビリテーションを必要とする
・入院（所）の判断を必要とする

08 医療系サービスの活用❹居宅療養管理指導

・歯や口腔内および栄養の問題がある

・感染症などの疾病にかかりやすい

・認知症等により疾患や服薬に対する理解や管理能力に問題がある　等

## 職種とサービス内容

### ❶医師・歯科医師が行う医学的管理指導

　医師や歯科医師は、利用者や家族の居宅を訪問して、医療面に関する介護方法や介護サービスの利用方法等の療養上の指導や助言を行います。利用者の同意を得てケアマネジャーに情報提供を行います。

　ケアプラン作成に必要な情報提供等は、サービス担当者会議へ参加して行うことが基本です。サービス担当者会議への参加が困難な場合や開催されない場合は、下表の情報提供すべき事項について、原則として、文書等（メール、FAX等も可）により、ケアマネジャーに対して情報提供を行います。その場合は、文書の写し等を診療録に添付して保存します。

---

(a) 基本情報（医療機関名、住所、連絡先、医師・歯科医師氏名、利用者の氏名、生年月日、性別、住所、連絡先等）

(b) 利用者の病状、経過等

(c) 介護サービスを利用するうえでの留意点、介護方法等

(d) 利用者の日常生活上の留意事項　等

---

### ❷薬剤師が行う薬剤管理指導

　医師や歯科医師の指示に基づき、利用者の居宅を訪問して薬に対する指導・助言を行います。服薬の遵守状況や薬剤保管状況を確認しながら、薬歴管理、服薬指導等の薬学的管理指導を行います。

　また、提供内容について診療記録を作成し、医師や歯科医師に報告し、ケアマネジャーにケアプラン作成等に必要な情報提供を行います。

5

医療職とスムーズに連携するためには

### ❸管理栄養士が行う栄養指導

　医師の指示に基づき、厚生労働大臣が定める特別食※を提供する必要がある利用者や低栄養状態であると医師が判断した利用者に、管理栄養士が居宅を訪問し栄養管理に関する情報提供や指導・助言を行います。利用者や家族の食事や栄養に対する意向、低栄養のリスク、摂食・嚥下の状況、食生活や生活習慣等についてアセスメントし、栄養補給、栄養食事相談や食事改善に関して実際に取り組める内容を指導・助言します。多職種と共同し、摂食・嚥下機能、食事形態等に配慮した「栄養ケア計画」を作成し、利用者や家族に交付します。提供内容は医師に報告し、食生活に配慮が必要な場合等は医師を通じてケアマネジャーに情報提供を行います。

※腎臓病食、肝臓病食、糖尿食、胃潰瘍食、貧血食、膵臓病食、脂質異常症食、痛風食、嚥下困難者のための流動食、経管栄養のための濃厚流動食及び特別な場合の検査食（単なる流動食及び軟食を除く）

### ❹歯科衛生士等が行う歯科衛生指導

　歯科医師の指示に基づき、口腔機能スクリーニング（利用者の口腔機能のアセスメント等）を実施して「管理指導計画」を作成し、利用者や家族に交付して、必要に応じて、口腔内や有床義歯の清掃、摂食・嚥下機能に関する実施指導を行うとともに、利用者と家族に対して指導に関する情報提供および指導・助言を行います。提供内容は歯科医師に報告し、医療における対応が必要な場合等は歯科医師を通じてケアマネジャーに情報提供を行います。

## 居宅療養管理指導の活用について

　居宅療養管理指導は、基本的には利用者・家族の同意を得て、医師または歯科医師が決定することがほとんどです。そのため、ケアマネジャーがアプローチして、医師等の居宅療養管理指導をケアプランとして位置づけることは少ないのが実状といえますが、ケアマネジャーは必要性があれば、医師等と相談して居宅療養管理指導を導入してもらうよう働きかけることは可能です。反対に利用者が居宅療養管理指導を受けていることを知らずにケアプランに位置づけていないケアマネジャーも少なくないようです。医師等からの情報提供は義務づけられていますが、連携を密に取り居宅療養管理指導の利用を報告してもらうことが大切です。

**08 医療系サービスの活用❹居宅療養管理指導**

**5**

医療職とスムーズに連携するためには

---

- 居宅療養管理指導の導入は、基本的には医師または歯科医師が決定しますが、ケアマネジャーとして利用者に必要であると判断した場合には主治医に相談しましょう。

- 居宅療養管理指導を正しく理解し、関係職種に情報提供をしてもらえる有機的な働きかけをしましょう。

**まとめ**

# 医療ニーズの高い
# ケースから学ぼう
# 【事例】

**6**

## CONTENTS

**01** パーキンソン病のケース

**02** がんターミナルのケース

**03** 糖尿病・認知症のケース

**04** 脳卒中のケース

※本章は、これまでに解説をした疾患を取り上げて「医療ニーズ」の見立てを目的としています。そのため、医療ニーズの導き出しに特化されていることをご了承ください。

# 01 パーキンソン病のケース

> **POINT**
> この事例は、重度のパーキンソン病の事例です。症状の進行に伴う予後予測（リスク）の視点、医療視点でのアセスメントと医療ニーズの導き方とその手立てを学びましょう。

## 事例概要

　A氏（女性・63歳）は事務員として仕事をしていた。夫とは死別、娘は結婚して独立し、今は独居生活である。約10年前から転びやすくなり、病院を受診してパーキンソン病と診断され投薬を開始。治療開始当時は自立した生活を送っていたが、服薬調整や便秘、幻覚等の症状から数回入院し、徐々にADLが低下し、ほぼ全介助の状態になった。

　A氏は、できるだけ今の生活を続けていきたいが、状態が悪くなったときに気管切開などの医療処置はしたくないと思っている。今後、動けなくなることを感じて、車椅子でも移動できるように自らバリアフリーのマンションに転居した。娘に迷惑をかけずにできるだけ今の自宅で過ごしたいと考えている。

**01 パーキンソン病のケース**

アセスメントシート

| 【基本情報】 | | | | |
|---|---|---|---|---|
| 利用者氏名： | | A氏 | 性別：女 | 年齢： 63 歳 |

| 家族構成 | ジェノグラム |
|---|---|
| 夫は12年前に他界し、1人娘は結婚、独立して別居。<br>月1回程度来訪あり。 | |

| 既往症・現症 | 発症年月 | 薬 |
|---|---|---|
| パーキンソン病 | 10年前 | 抗パーキンソン病薬、下剤、整腸剤 |

| 要介護状態区分 | 障害高齢者の日常生活<br>自立度判定基準 | 認知症高齢者の日常生活<br>自立度判定基準 |
|---|---|---|
| 要介護4 | B2 | 自立 |

| 【その他の情報　一部抜粋】 |
|---|

| 本人の意向 |
|---|
| できるだけ今の生活を続けたい。今後、悪くなったときに気管切開などの医療処置はしたくない。娘には迷惑をかけたくない。 |

| 健康（疾患）について |
|---|
| パーキンソン病：　ホーエン・ヤールの重症度分類Ⅴ　生活機能障害度Ⅲ<br>便秘で下剤服用中も排便コントロール不良<br>（オムツ交換のたびに少量の便が付着している状態） |

| 心身機能 |
|---|
| ❶身長：157cm　体重：43kg<br>❷バイタルサイン（平均値）体温：36.2℃　脈拍：66/回<br>　血圧：98/64mmHg　SpO2：97% |

**6**

医療ニーズの高いケースから学ぼう【事例】

❸両下肢麻痺あり、自分で動かすことはできない。両上肢にも麻痺はあるが、傍にあるベッドコントロールキーなどは押したり、携帯電話を使うことはできる。最近、電話の操作ができにくくなってきている。

❹咀嚼・嚥下機能低下のため、時々むせあり。食事形態は軟食。
尿意・便意不確実。オムツ交換時に排泄物あり。便は少量の便が毎回付着している。主治医によると、要因は腹圧が十分にかけられないための残便があると考えられるとのこと。このため、常に気持ち悪いと感じている。

❺すべて自歯。口腔内保清やや不良。

❻コミュニケーション：構音障害があるため聞き手にわかりにくくなってきている。電話での会話は難しい。

❼独居生活であるが、娘には迷惑をかけたくないと思っている。また状態が悪くなったときの医療処置は拒否されている。

## ADL・IADL

**食事**：I日3回。食事摂取はなるべく自分でスプーンを使って食べているが、動作が鈍くなってくると途中でヘルパーが介助している。調理はヘルパーが軟食を調理している。

**排泄**：ヘルパーや訪問看護師がオムツ交換をしている。尿意があったときはトイレにて排泄。

**保清**：シャワーチェアーを使用しシャワー浴。訪問看護師が介助している。洗顔は自分で他は洗えないため介助してもらっている。

**整容・口腔内保清**：車椅子座位にて洗面、歯磨き、髪の整容もなるべく自分でお手伝いをヘルパーや訪問看護師がしている。準備等は介助している。

**移動**：ベッドからの起き上がり、車椅子への移動などすべて介助してもらっている。日中はなるべく車椅子に座って過ごしている。

**買物・洗濯・金銭管理等**：すべて介助してもらっている。

**服薬管理**：管理能力があり、行為は介助してもらっている。

## 住宅環境・制度的環境

賃貸マンションでバリアフリーのIDK。
介護保険サービスにて福祉用具貸与（電動ベッド、車いす）、
訪問介護（介護保険、障害者総合支援法）毎日3回
訪問看護（医療保険：訪問看護師、セラピスト）毎日

# Aさんの心身のアセスメント（医療ニーズ）

## 〈1〉病状の進行から今後は嚥下困難や誤嚥などの危険があるため、観察が必要である。また、合併症の予防に努める必要がある。

Aさんはホーエン・ヤールの重症度分類V、生活機能障害度Ⅲと診断されています。どのような状態かを把握しておきましょう（第2章08 図表2-19参照）。

病状の進行に伴う症状や廃用症候群、合併症に注意が必要になるため、どんな症状が出ているのか、出てくるのかの観察が必要になってきます。

Aさんの場合は、構音障害と嚥下機能が低下してきています。合併症としては誤嚥性肺炎、上気道感染（風邪）や尿路感染、褥瘡等に注意する必要があります。

## 〈2〉便意が不確実で、オムツ交換時に毎回付着している（腹圧が十分にかけられないための残便があると考えられる）

不快感があること、今後皮膚トラブルや尿路感染の要因にもなる可能性があるため、排便コントロールが必要です。

## 〈3〉口腔内保清がやや不良であるため、虫歯や歯周病、誤嚥性肺炎などになる可能性がある。

虫歯や歯周病を放置していると誤嚥性肺炎などの新たな合併症を発症する可能性もあるため、口腔ケアが必要です。

## 〈4〉症状の進行から、今後コミュニケーションの障害が予測できるため、今後のコミュニケーション方法を考えておく必要がある。

Aさんはすでに構音障害のため聞き手にわかりにくくなってきています。障害に応じた意思疎通の方法を考えるとともに、今のうちから、今後の生活について、Aさんの希望や娘さんの希望を聴く必要があります。

また、最近電話の操作ができにくくなってきているため、早急に緊急時の対応方法を考える必要があります。

# アセスメント結果（医療ニーズ）から手立てを考える

| 医療ニーズ | 誰が | 何をする |
|---|---|---|
| 〈1〉<br>状態観察と合併症の予防の必要がある | ❶主治医<br>❷訪問看護師<br>❸セラピスト<br>（理学療法士・作業療法士・言語聴覚士など）<br>❹ヘルパー | ❶在宅診療（定期的な診察）<br>❷・身体状態の観察<br>　バイタルサイン（体温・脈拍・血圧・酸素飽和度）<br>　異常な値になれば、主治医に報告する。<br>　・薬の服薬の確認と副作用（便秘、幻覚、妄想など）の把握。<br>　必要時、主治医に報告し薬の調整をしてもらう。<br>　・嚥下状態の確認（むせの有無）<br>　・合併症（誤嚥性肺炎、風邪や尿路感染、褥瘡など）の早期発見。<br>❸拘縮や肺炎などの合併症予防のためのセラピストによる訓練（良肢位の保持、筋力・関節可動域の運動、嚥下訓練など）<br>❹日常の観察事項や起こりうる合併症を訪問看護師と共有する。<br>　発熱、むせの増強、飲み込み不良、臀部付近などの皮膚の発赤時は訪問看護師に報告してもらう。 |
| 〈2〉<br>排便コントロールが必要である | 訪問看護師 | ・排便は週3回、排便の前日の寝る前に下剤を服用してもらう。訪問時に腹部マッサージと浣腸を使用して排便する。 |
| 〈3〉<br>口腔ケアが必要である | ❶歯科医師<br>❷歯科衛生士<br>❸訪問看護師<br>❹ヘルパー | ❶訪問歯科診療<br>　口腔機能、嚥下機能の評価と治療<br>❷定期的な口腔ケア<br>❸❹日常においての口腔ケア |

## 01 パーキンソン病のケース

## 6 医療ニーズの高いケースから学ぼう【事例】

| 〈4〉❶コミュニケーションの方法を考える必要がある ❷緊急時の連絡方法を考える必要がある | 本人、娘 主治医、歯科医師 訪問看護師、ヘルパー、ケアマネジャー、難病担当保健師、福祉用具専門相談員 | ❶本人・娘さんの希望を聴き、コミュニケーション能力や方法について評価し機器（パソコンや意思伝達装置）の使用を検討し選定していく。 ❷緊急通報装置などのツールを導入する。 |
|---|---|---|

**まとめ**

- パーキンソン病は進行性の疾患で、軽度から重度まで人によって症状の違いがあります。Aさんは重度で嚥下やコミュニケーションなどの問題が出てきています。現在の症状や今後の症状の予測や合併症のリスクまで把握して手立てを考えておく必要があります。そのためには医療職との連携が重要です。医療職から情報収集して医療ニーズや手立てを一緒に導き出してもらうことも必要でしょう。具体的な手立ては、必要なサービス内容を医療職から提案してもらいましょう。
- パーキンソン病の利用者を担当するときは、パーキンソン病の特徴や症状や合併症について、また日常生活でどのような影響があるか。パーキンソン病の治療薬の作用や副作用にはどんなものがあるのかなどの視点が必要です。

# 02 がんターミナルのケース

> **POINT**
> この事例は、入院中のすい臓がん末期の事例です。退院後のケアプランを立てるときの医療視点でのアセスメントと医療ニーズの導き方とその手立てを学びましょう。

## 事例概要

　B氏（70歳・女性）は5年前に夫が胃がんで他界し、長男家族と同居。次男は単身で別居。3か月前に腹部膨満感（はり感による苦痛・食欲低下）と腹痛により緊急入院した。

　腹部CTの結果、膵臓がんが腹膜播種し（腹膜にがんが広がること）、腹水貯留が起こっていることがわかった。膵臓がんの診断はステージⅣだが、化学療法と腹水穿刺を行った。

　腫瘍による背部痛があり、NSAIDs（非ステロイド性鎮痛薬）と麻薬（塩酸オキシドコン）の内服による疼痛緩和を行った。約2か月経過も化学療法の効果はほとんどないため、予後（余命約6か月）を含め、病状を本人、家族に告知した。告知後、残された日を自宅で好きな花を観たり、自分のできることをしながら過ごしたいとの思いで退院を希望される。子どもたちには迷惑をかけたくないと思っている。

アセスメントシート

## 【基本情報】

| 利用者氏名： | | B氏 | 性別：女 | 年齢： 70 歳 |
|---|---|---|---|---|

| 家族構成 | ジェノグラム |
|---|---|
| 夫は5年前に他界し、長男家族と同居。<br>次男は単身で隣町に住んでいる。 | |

| 既往症・現症 | 発症年月 | 薬 |
|---|---|---|
| 子宮筋腫で子宮全摘手術 | （40歳代） | |
| 胆石 | （50歳代） | |
| 膵臓がん | 3か月前 | 非ステロイド性鎮痛薬<br>麻薬、整腸剤 |

| 要介護状態区分 | 障害高齢者の日常生活<br>自立度判定基準 | 認知症高齢者の日常生活<br>自立度判定基準 |
|---|---|---|
| 要介護2 | BI | 自立 |

## 【その他の情報　一部抜粋】

### 本人の意向

家で体調に合わせて自分でできることをしながら、好きな花を観て過ごしたい。痛みがひどくなったり、お腹が張ってしんどくなったときに、どうしたらいいか不安があるため、なるべくそうならないように過ごしたい。息子たちにはあまり負担はかけたくない。

## 健康（疾患）について

3か月前、腹痛を訴え、緊急入院となる。腹部CTの結果、膵臓がんで、腹膜播種、ステージⅣの診断となった。化学療法（抗がん剤の治療：内服薬）単剤投与開始（2週間内服、1週間休薬）2クール試したが、効果がないため中止となる。さらに腹水貯留のため、腹水穿刺を実施した。腫瘍による背部痛に関しては、NSAIDs（非ステロイド性鎮痛薬）、ロキソプロフェン（プロピオン酸系の消炎鎮痛剤）60mg1日3回と麻薬（塩酸オキシドコン）10mg×2の内服にてコントロールは良好。

## 心身機能

❶バイタルサイン（体温36.4℃、脈拍68回、血圧120/60）は異常なし。
❷疾病からくる腹部膨満感（はり感による苦痛・食欲低下）、腫瘍疼痛、全身倦怠感あり。
❸尿意、便意あり。尿は7.8回/日、便は2.3日に1回でやや便秘傾向である。
❹咀嚼、嚥下機能は保持。
❺口腔内粘膜軽度のびらんあり。
❻褥瘡はなし。
❼退院後の自宅での生活に不安は大きく、息子たちへの負担も心配している。

## ADL・IADL

**食事：**オーバーテーブルに準備してもらい、ギャッジアップにて全粥・軟菜を自分で食べているが、腹部膨満感があり、食欲なく6割程度の摂取。
**排泄：**トイレ歩行は付き添いにて可能。下着等の上げ下げや後処理も可能。
**保清：**全身倦怠感と腹部膨満感があるため、入浴は困難である。看護師による介助にて短時間でシャワー浴をしている。胸部、陰部は自分で洗い、その他は看護師が洗身している。洗髪は体調の良いときに看護師が介助している。
**整容・口腔内保清：**ベッド上で蒸しタオルを準備してもらい、自分で拭いている。準備してもらい、ベッド上で自分で歯磨きをする。髪の整容は気分の良いときは自分でしている。時々看護師が髪の毛をとかしてくれる。
**移動：**ほとんどベッドで臥床状態であるが、寝返り、座位は自力で可能。ふらつきがあるため、トイレ歩行は付き添いが必要。その他の院内の移動は車椅子。車椅子への移乗は見守りで可能。
**買物・洗濯・金銭管理等：**能力的には可能であるが、長男に任せている。
**服薬管理：**自分で管理し服用している。

| 住宅環境・制度的環境 |
| --- |
| 築50年の自宅兼クリーニング屋の1戸建て。<br>1階がクリーニング店舗で2階が居住スペース。<br>要介護2 |

# Bさんの心身のアセスメント（医療ニーズ）

## 〈1〉病状の進行から全身状態の変化（疼痛や腹部膨満感の増強）による苦痛また急変する可能性がある。

❶まずは膵臓がんで「腹膜播種、ステージⅣ」がどのような状態かを把握しておきましょう。

❷進行により腹部膨満感（はり感による苦痛・食欲低下）、腫瘍疼痛、全身倦怠感があります。また、急変する可能性（苦痛、疼痛、全身倦怠感の増強による身体状況の急激な変化）もあるため、状態の変化をタイムリーに把握する必要があります。

❸身体的苦痛と精神的苦痛の緩和ケアの必要があります。

❹内服薬を確認する必要があります。

## 〈2〉便秘傾向もあり、ますます腹部膨満感による苦痛が増強し口腔粘膜のびらんもあり、食事摂取量も低下していく可能性がある。

❶排便の回数、量、性状を把握する必要があります。

❷口腔内の状態と食事の量、水分量を把握する必要があります。

❸内服薬を確認する必要があります。

## 〈3〉褥瘡ができる可能性がある。

臥床時間が長くなること、全身状態が増悪すると褥瘡ができる可能性が高くなります。毎日の皮膚の観察も必要になります。

# アセスメント結果（医療ニーズ）から手立てを考える

| 医療ニーズ | 誰に | 何を |
|---|---|---|
| 〈1〉<br>全身状態の観察と身体的・精神的苦痛を軽減する必要がある | ❶主治医<br>❷訪問看護師<br>❸長男家族<br>❹次男 | ❶定期診察（訪問診療）<br>❷・全身状態の観察<br>　バイタルサイン（体温・脈拍・血圧、呼吸等）<br>　水分量、食事量、排泄、口腔、皮膚等<br>　症状（疼痛、腹部膨満感<br>　全身倦怠感、精神状態等）<br>　麻薬の副作用の有無<br>　・Bさん・ご家族の思いの傾聴<br>❷❸❹腹部のはり感を軽減するために背部・腹部マッサージや幹部を温める治療法である温罨法<sup>おんあんぽう</sup>などを行う。<br>　内服薬の確認。<br>❸❹バイタルサインや症状について看護師に教えてもらい、状態の変化や不安を感じたら緊急連絡先（主治医や訪問看護師）に報告してもらう。 |
| 〈2〉<br>排便コントロールが必要である | 訪問看護師 | 排便コントロールをする。（排便が定期的にできるように下剤の調整や浣腸や腹部マッサージ） |
| 〈2〉'<br>食事摂取量を把握する必要がある | ❶訪問看護師<br>❷長男家族 | ❶口腔内の状態の観察と食事の把握をする。<br>❷看護師から状態を聞き、好きな物・食べやすい物を準備・調理する。 |

| ⟨3⟩ 褥瘡ができる可能性がある | 訪問看護師 | ・皮膚状態を確認し清潔を保つ（シャワー浴介助、清拭など）。<br>・床ずれをつくらないように予防マットレスを使用する。 |
|---|---|---|

- この事例は、膵臓がん末期、予後6か月という想定です。がん末期といってもがんの部位や病変によって状態が異なるため、医療ニーズにも個別性があります。まずは入院中の病状の経過、治療、看護内容の把握および退院後の具体的な病状変化とそれに伴うリスク等を予測できることが大切です。
- ターミナル期は、退院後も病状変化のリスクが高いため、タイムリーなモニタリングが必要です。そのためには医療チームの密接な連携が求められます。情報を共有し、今後、起こりうるリスクに対する準備を行い、身体的・精神的苦痛に対する適切なケアができるようにしましょう。

# 03 糖尿病・認知症のケース

**POINT**
この事例は、糖尿病が悪化し入院中に認知症と診断された事例です。認知症で糖尿病をコントロールするためには医療職との連携は必要です。医療視点でのアセスメントと医療ニーズの導き方とその手立てを学びましょう。

## 事例概要

　C氏（78歳・男性）。結婚歴はなく独居。家電販売店を70歳まで営み、店を閉じてからは受診と買い物以外はほとんど外出しない生活を送っていた。
　60歳から糖尿病と高血圧の治療（経口血糖降下薬、降圧剤内服）を受けていたが、定期受診を忘れたり、薬の飲み忘れが増えてきた頃に、高血糖症状で緊急入院となる。
　入院中に血糖のコントロールのため、血糖値の測定、インスリン注射の指導と食事療法の指導を受けるが理解力が乏しく、同じ話も繰り返すため、認知症検査も実施され、軽度のアルツハイマー型認知症と診断される。
　周囲の助言もあり、退院後の生活のことを考え、入院中に介護保険の申請を行い、要介護1と認定される。理解力は乏しいがインスリン注射はどうにか自分でできるようになり、血糖が安定してきたので約1か月半後に退院となった。

アセスメントシート

| 【基本情報】 | | | | |
|---|---|---|---|---|
| 利用者氏名： | | C氏 | 性別：男 | 年齢： 78 歳 |

| 家族構成 | ジェノグラム |
|---|---|
| 独居生活。<br>兄が遠方にいるがほとんど交流はない。 | |

| 既往症・現症 | 発症年月 | 薬 |
|---|---|---|
| 糖尿病、高血圧<br>アルツハイマー型認知症 | 10年前<br>入院中 | 糖尿病薬、降圧剤、(退院後にインスリン注射)<br>認知症進行抑制剤 |

| 要介護状態区分 | 障害高齢者の日常生活<br>自立度判定基準 | 認知症高齢者の日常生活<br>自立度判定基準 |
|---|---|---|
| 要介護1 | J2 | Ⅱb |

### 【その他の情報　一部抜粋】

#### 本人・家族の意向

ずっと一人暮らししてきた。これからも今の家で暮らしていくつもり。インスリン注射がちゃんとできるかはわからないが、看護師が来てくれることは助かる。

#### 健康（疾患）について

10年前に2型糖尿病と診断される。経口の血糖降下薬で血糖コントロールは安定していたが、薬の飲み忘れも続き、高血糖症状（全身倦怠感、嘔吐、下痢、腹痛）のため入院。入院時の血圧値：160／84、血糖値500mg／dl HbA1c12.5%　合併症はなし。
入院中に初期のアルツハイマー型認知症と診断される。

## 心身機能

❶身長：170cm　体重：75kg
❷バイタルサイン（平均値）体温：36.2℃　脈拍：70/回
　血圧：130〜150/70〜80mmHg　SpO2：98%
　入院時の血糖値500mg／dl、HbAlc（NGSP）12.5%
　退院時の血糖値130mg／dl（空腹時）、HbAlc　10%
　（血糖コントロール目標値：HbAlc値　8%未満）
❸下肢筋力の低下あり、つまずき多く動作緩慢で歩行移動に時間がかかる。
❹短期記憶障害あり、何度も同じ話を繰り返す。
❺血糖測定やインスリン注射の手技を覚えることは難しい。インスリン注射の必要性は理解している。
❻すべて自歯。

## ADL・IADL

**食事：**調理はしないが摂取は自立。（食生活は外食や総菜、菓子パン、インスタント食品が多い）ヘルパーに調理してもらっている。
**排泄：**尿意、便意あり。一連の行為はできるが動作は緩慢であり間に合わないときもある。
**保清：**浴槽のまたぎをするときにふらつきがあるが、一人で入浴している。
**整容・口腔内保清：**自立
**更衣：**時々表裏逆に着ていることもあるが、順序を間違えたり、混乱することなく更衣できている。
**服薬管理：**管理ができず、飲み忘れがあるため、薬剤師と訪問看護師が支援している。
**買物：**歩行器使用して近隣のスーパーへ行くが移動歩行に時間がかかる。支払いについては店員が支援してくれている。
**金銭管理：**行きつけの郵便局の支援もあり、自分でどうにか管理している。

## 住宅環境・制度的環境

一戸建て、1階は店舗で2階が居住スペース2DK。
介護保険サービスにて、訪問看護、訪問介護、居宅療養管理指導（薬剤師）デイサービス

# Cさんの心身のアセスメント（医療ニーズ）

## 〈1〉血糖コントロールができなければ糖尿病が悪化し合併症を併発する可能性がある。

❶主治医は、血糖コントロール目標値HbA1c8％未満と決めていますが、今はまだ10％です。インスリン注射を確実に打つこと、薬を確実に服用することが求められます。HbA1c目標値に近づけることで合併症の予防につながります。しかし、インスリン注射を打つことによって低血糖症状になる可能性があります。低血糖の症状を把握し、症状が起こったときの対応ができるようになる必要があります。また、糖尿病の合併症の早期発見のために継続的な観察が必要です。

❷今までの食生活（外食や総菜、菓子パン、インスタント食品が多い）の改善が求められます。この食生活を続けているとインスリン注射や服薬が確実にできても血糖コントロールはできません。入院中に受けた食事療法の内容を確認する必要もあります。

## 〈2〉高血圧があり血圧のコントロールができなければ糖尿病の悪化や脳卒中なども併発するリスクが高い。

Cさんは目標血圧値で安定していますが、薬の飲み忘れがあると血圧が高くなる可能性があるため確実に服用できなければなりません。また、塩分の摂りすぎにも注意が必要です。血糖のコントロール同様、食事療法の内容を確認する必要があります。

## 〈3〉アルツハイマー型認知症の初期であるが今後は進行していくことが想定される。

❶進行を予防するためには確実に服薬する必要があります。

❷今はできていることで、困難になったときに日常生活に大きな影響を及ぼす可能性がある生活行為を予測し、今後できなくなったときの準備をしていくことが求められます。

**〈4〉下肢筋が低下し、つまずきやすく動作も緩慢になっているため、今後転倒の可能性や廃用症候群に陥る可能性がある。**

　入院前も外出頻度が少なく不活発な生活であったため、活動できる（運動量をあげる）ような動機づけと環境が必要です。また糖尿病の治療には運動療法も重要であることを理解しておきましょう。

## アセスメント結果（医療ニーズ）より手立てを考える

| 医療ニーズ | 誰に | 何を |
|---|---|---|
| 〈1〉<br>状態観察と合併症の予防の必要がある | ❶主治医<br>❷訪問看護師<br>❸薬剤師<br>❹ヘルパー<br>❺デイサービスのスタッフ（看護師） | ❶定期的な通院での診察<br>❷❺・全身状態の観察<br>　バイタルサイン（体温・脈拍・血圧）、血糖値の測定<br>・低血糖症状の確認<br>（冷汗、動悸、手の震え）<br>症状時の対処の確認<br>・水分量、食事内容、排泄<br>・インスリン注射が確実に行われているか、手技を確認する。<br>・服薬の確認<br>・合併症症状の確認<br>（視力障害、手足のしびれ、痛み、排尿状態など）<br>異常時には主治医に連絡する。<br>❷❸インスリン注射薬の管理。飲み薬の服薬管理と飲み忘れをしないように一包化や、お薬カレンダーの作成などの工夫をする。<br>低血糖症状と対処方法（処方されているブドウ糖を摂取してもらう）をヘルパーとデイサービスのスタッフに説明する。<br>❹❺低血糖の症状や薬が飲めているか確認してもらい、訪問看護師に報告する。 |

**03 糖尿病・認知症のケース**

| 〈2〉<br>食生活の見直しをする必要がある | ❶訪問看護師<br>❷ヘルパー<br>❸配食サービス | ❶食事の内容の確認<br>❷入院中の食事療法の内容を伝えて調理してもらう。<br>❸糖尿病食の配食サービスを利用する。 |
|---|---|---|
| 〈3〉<br>認知症の症状を観察する必要がある | ❶主治医<br>❷訪問看護師<br>❸薬剤師<br>❹ヘルパー<br>❺デイサービスのスタッフ | ❶定期的な通院での診察<br>❷❸❹❺症状変化の観察<br>　コミュニケーション能力や今できていることの確認をする。変化時は今後の支援について検討する。 |
| 〈4〉<br>廃用症候群を予防する必要がある | ❶本人<br>❷訪問看護師<br>❸デイサービス | ❶スーパーへ買い物に行く（外出する）。<br>❶❷室内での座位でできる体操などを一緒に行う。<br>❸体操プログラムの実施<br>　（主治医にどんな運動療法が有効か確認する） |

---

- 糖尿病の合併症について知っておきましょう。合併症の予防のためには血糖コントロールが必要です。利用者の血糖値やHbA1c値またHbA1c目標値を主治医に確認して把握しておきましょう。
- 薬物療法で最も注意が必要な副作用は低血糖症状です。低血糖症状、対処方法を把握しておきましょう。
- 糖尿病治療の基本は、食事療法・運動療法・薬物療法ですが、Cさんのように独居で認知症の症状も併発しながらの療法はとても困難になってきます。理解力に合わせて優先度を決めて指導しますが、何ができて何ができないのか、また今後できなくなると日常生活に大きな影響を及ぼす可能性がある生活行為等の日常の観察は重要です。そのためにチームが密な連携を取れるようなケアマネジメントが重要です。

まとめ

**6**

医療ニーズの高いケースから学ぼう【事例】

175

# 04 脳卒中のケース

> **POINT**
> この事例は、脳出血後、重度の後遺症のため医療依存度が高い事例です。医療視点でのアセスメントと医療ニーズの導き方とその手立てを学びましょう。

## 事例概要

　D氏（70歳・男性）は2年前、脳出血を起こして入院。重度の後遺症（意識障害、左半身完全麻痺）のためADL全介助状態となり、誤嚥性肺炎を併発し、胃瘻造設により経管栄養となった。2か月後、状態が安定しリハビリ病院へ転院後、自宅療養を希望されて退院となった。

　退院後、妻と長女による介護に加え、訪問看護サービス等を利用しながら在宅生活を送っている。経管栄養であるが、最近、口を動かす動作がみられるようになる。また吸引が必要な状態であるが、たまに唾液を嚥下してもむせがない様子がみられたため、妻、娘がもう一度口から食べることができるのではと思い、主治医に相談する。訪問看護ステーションから言語聴覚士による口腔・嚥下リハビリが開始となった。

アセスメントシート

## 【基本情報】

| 利用者氏名： | D氏 | 性別：男 | 年齢： 70 歳 |
|---|---|---|---|

| 家族構成 | ジェノグラム |
|---|---|
| 妻と独身の長女と3人暮らし<br>長女は教師でほとんど不在。 | |

| 既往症・現症 | 発症年月 | 薬 |
|---|---|---|
| 高脂血症<br>高血圧<br>脳出血 | 20年前<br>15年前<br>2年前 | 降圧剤、高脂血症治療薬、整腸剤、<br>胃薬、下剤、浣腸 |

| 要介護状態区分 | 障害高齢者の日常生活<br>自立度判定基準 | 認知症高齢者の日常生活<br>自立度判定基準 |
|---|---|---|
| 要介護5 | CI | Ⅲb |

## 【その他の情報　一部抜粋】

### 本人・家族の意向

本人：会話はできないが、妻、娘の声かけにしっかりと視線を向けられ、たまに「あー」という発語がある。

妻：娘も仕事があるのによく介護をしてくれています。皆さんに助けてもらいながらこの家で一緒に暮らしたいと思っています。もう一度口から食べさせたいです。

娘：仕事があるため母にしんどい思いをさせています。皆さんのおかげで3人で生活できています。母の言うように少しでも口から食べることができたらと思っています。

### 健康（疾患）について

2年前に脳出血発症後、再発はないが、後遺症と廃用症候群もあり、四肢麻痺で寝たきり状態。血圧は時々変動あるが降圧剤で安定している。胃瘻の管理、唾液の吸引が必要。仙骨部に発赤程度の褥瘡を形成している。便秘や下痢になるため排便コントロールが必要。

## 心身機能

❶身長：168cm　体重：65kg
❷バイタルサイン（平均値）体温：36.5℃　脈拍：78/回
　血圧：130〜140/70〜80mmHg　SpO2：97%
❸重度心身障害のため意思の疎通が困難である。認知機能は不明であるが、声かけには視線を向けられる。
❹後遺症と廃用症候群もあり四肢麻痺で、寝たきり状態。自発的な動きは全くなく全介助。
❺嚥下障害あり、胃瘻造設。唾液などの口腔内分泌物が貯留したときは吸引が必要。最近、口をペチャクチャと動かしたり唾液を嚥下するが、むせがないときもあり。
❻オムツ交換時に排泄物あり。尿は問題ないが、下痢や便秘などまばらであるため排便コントロールが必要。3・4日排便がないときは看護師が浣腸し、反応便がないときは摘便をしている。
❼仙骨部に発赤程度の褥瘡を形成している。
❽すべて自歯。

## ADL

すべてのプロセスに介助を要する。
**食事：**1日3回。胃瘻から経腸栄養剤、白湯を家族と訪問看護師が注入している。
**薬：**家族が注入している。
**吸引：**1日に5〜6回程度吸引必要。家族、訪問看護師が吸引している。
**排泄：**オムツ交換を家族や訪問看護、ヘルパーがしている。
**入浴：**訪問入浴サービスを利用。
**口腔内保清：**口腔ケアを訪問看護師がしている。
**更衣：**家族、訪問看護師、ヘルパーが更衣をしている。

## 住宅環境・制度的環境

マンションでバリアフリーの3DK。
主治医による訪問診療。（内科・歯科）
介護保険サービスにて、訪問看護（看護師・セラピスト）、訪問介護、訪問入浴、福祉用具貸与（電動ベッド、エアマット、車椅子）。

# Dさんの心身のアセスメント（医療ニーズ）

## 〈1〉血圧の変動もあり、再出血の可能性がある。また、廃用症候群の進行、合併症の予防に努める必要がある。

❶ 重度の後遺症もあり、再出血を起こすと死亡する可能性もあります。脳出血の一番の原因は高血圧です。血圧をコントロールすることが再発の予防につながります。

❷ 廃用症候群の進行やそれに伴う合併症（呼吸器感染や尿路感染、褥瘡発生）に注意する必要があります。

❸ 意思疎通ができないために平常の表情やバイタルサイン（特に血圧値）を把握し、いつもと違う表情やバイタルサインの異常のときの対応を確認しておく必要があります。

❹ 薬を確実に注入できているか確認が必要です。

## 〈2〉下痢や便秘などのため排便コントロールが必要である。

❶ 経管栄養法の人は排便コントロールが不良になりやすいため、状態に合わせた対応が必要です。

❷ 皮膚トラブル発生の可能性もあります。

## 〈3〉仙骨部の褥瘡が増悪する可能性がある。また他の部位（背部など）にも褥瘡が形成する可能性がある。

仙骨部の褥瘡の増悪の予防と他の部位の発生を予防することが必要です。

## 〈4〉胃瘻の造設と吸引をしているため医療的な管理や観察が必要である。

❶ 胃瘻のトラブル、吸引のトラブルを起こす可能性があります。どんなトラブルが起こるのか、観察のポイントを把握する必要があります。

❷ 異常時にどのような対応をするのか把握する必要があります。

## 〈5〉すべて自歯のため虫歯や歯周病になる可能性がある。

虫歯や歯周病を予防するために定期的な口腔の観察と口腔ケアの必要があ

ります。予防することによって他の合併症の予防にもなります。

## アセスメント結果（医療ニーズ）から手立てを考える

| 医療ニーズ | 誰が | 何をする |
|---|---|---|
| 〈1〉<br>状態観察と合併症の予防とケアが必要である | ❶主治医<br>❷訪問看護師<br>❸セラピスト<br>（理学療法士・作業療法士・言語聴覚士など）<br>❹ヘルパー<br>❺入浴サービス<br>❻家族 | ❶在宅診療（定期的な診察）<br>❷❸❺・身体状態の観察<br>　バイタルサイン（体温・脈拍・血圧・酸素飽和度）<br>　・合併症（呼吸器感染や尿路感染、褥瘡など）を早期発見できる。<br>異常な値や症状が出れば、主治医に報告する。<br>❷・薬の注入の確認<br>　確実に家族が注入できているか確認する。<br>❷❸・拘縮や呼吸器感染、褥瘡などの合併症予防のためのセラピストによる訓練（呼吸リハビリ、良肢位の保持、筋力・関節可動域の運動など）<br>　・口腔からの摂取が可能になるための訓練（嚥下訓練が可能か評価をしてもらう。）唾液腺、顎下腺、口腔内粘膜のマッサージ）<br>❸❹❺❻日常の観察事項や起こりうる合併症を訪問看護師と共有する。日頃の表情と異なるか、発熱、喘鳴、痰の量や色など嘔気・嘔吐の有無、排便の状況（尿や便の性状）、皮膚の異常の有無、臀部付近の皮膚の発赤等の変化があれば訪問看護師に報告してもらう。 |
| 〈2〉<br>排便コントロールが必要である | 訪問看護師 | 排便のコントロールをしてもらう。必要時には浣腸と摘便をしてもらう。 |

| 〈3〉褥瘡が増悪また他の部位にも形成する可能性がある | ❶訪問看護師<br>❷入浴サービス<br>❸家族<br>❹福祉用具専門相談員 | ❶❷❸褥瘡の処置（薬の塗布など）をしてもらう。<br>❶❹皮膚の状態にあったマットレスの選定をしてもらう。 |
|---|---|---|
| 〈4〉胃瘻と吸引の管理が必要である | ❶主治医<br>❷訪問看護師<br>❸訪問入浴<br>❹家族<br>（❺胃瘻・吸引の登録済みのヘルパー） | ❶状態観察項目は〈1〉と同じ<br>❷その他の観察項目<br>・胃瘻のトラブルの有無<br>・胃瘻挿入部位の皮膚の観察<br>・家族が適切に胃瘻が行われているか確認する<br>※（第4章 01 参照）<br>・家族が適切に吸引が行われているか確認する<br>※（第4章 02 参照）<br>❸❺観察項目で気になることがあれば主治医や看護師に報告してもらう<br>❷❹胃瘻挿入部のケア<br>❷❸❹❺痰や唾液の吸引 |
| 〈5〉口腔ケアが必要である | ❶歯科医師<br>❷歯科衛生士<br>❸訪問看護師・ST<br>❹ヘルパー<br>❺家族 | ❶❷訪問歯科診療<br>口腔機能、嚥下機能の評価と治療<br>❷❸❹❺定期的な口腔内の観察とケア。<br>口腔内の腫れや出血など気になることがあれば、歯科衛生士や歯科医師へ報告する。ケアの方法は歯科衛生士に指導を受ける。 |

- 脳卒中（脳梗塞・脳出血）は、発症部位や治療までの経過時間によっても、人によって後遺症の症状が軽度から重度まで違いがあります。Dさんは重度の後遺症が残り、また胃ろうや吸引といった医療処置が必要な状態であるため、医療ニーズがとても高いといえます。
- さらに本人は訴えができないため、異常の早期発見が遅れる可能性もあります。合併症や医療処置をすることのリスク、異常時の状態の観察事項を、医療職から情報収集する必要があります。そして、安定している状態のときの表情や状態を把握したうえで、状態が変化したときの対応方法を確認して手立てを考える必要があります。
- こういった医療ニーズが高い事例は医療職との連携がとても重要です。医療職から情報収集して医療ニーズや具体的な手立てを一緒に導き出してもらいましょう。
- 医療ニーズが高い事例はチームアプローチが重要です。医療からの情報をチームで共有し、異常時にはどんな対応をしたらいいのか、また誰に連絡をしたらいいのかを確認することが求められます。

## 参考文献

①系統看護学講座 統合分野『在宅看護論（第5版）』医学書院、2017年

②系統看護学講座 専門分野Ⅰ『基礎看護学［2］基礎看護技術Ⅰ（第16版）』医学書院、2015年

③系統看護学講座 専門分野Ⅰ『基礎看護学［3］基礎看護技術Ⅱ（第17版）』医学書院、2017年

④木下由美子編著『新版 在宅看護論』医歯薬出版、2016年

⑤岡本充子・西山みどり編著『高齢者看護すぐに実践トータルナビ』メディカ出版、2016年

⑥苛原実『ケアマネ必携！ 医療知識ハンドブック 高齢者の病気とくすり』中央法規出版、2013年

⑦介護と医療研究会 笹岡大史監修『現場で使えるケアマネの医療知識便利帖』翔泳社、2015年

⑧ケアネットふじのくに編『生活支援がわかるケアマネジャーの医療知識』中央法規出版、2011年

⑨介護支援専門員テキスト編集委員会編『七訂 介護支援専門員基本テキスト』一般財団法人長寿社会開発センター、2015年

⑩介護支援専門員実務研修テキスト作成委員会編『六訂 介護支援専門員実務研修テキスト 下巻』一般財団法人長寿社会開発センター、2017年

⑪塚田淳子他「ケアマネ視点の医学知識 押さえておきたい10疾患」『ケアマネジャー』第17巻第9号、2015年

⑫鶴本和香他「医療職と上手につきあう」『ケアマネジャー』第14巻第3号、2012年

⑬奥田亜由子他「リスクを見逃さない！疾患別ケアプラン」『ケアマネジャー』第16巻第3号、2014年

## 著者紹介

# 鶴本和香
つるもと・わか

医療法人愛和会　篠原あんしんすこやかセンター（地域包括支援センター）
センター長
看護師、主任介護支援専門員、認定ケアマネジャー（日本ケアマネジメント学会）

看護専門学校卒業後、総合病院に勤務。その後、訪問看護師、居宅介護
支援事業所の管理者、訪問介護事業所の立ち上げ等にも携わり現職。兵
庫県内の介護支援専門員法定研修等の講師を務める。
著書に、『月刊ケアマネジャー（2011年3月号）』「特集　ターミナルにか
かわる：ターミナル疑問と悩みQ&A」、『月刊ケアマネジャー（2012年3
月号）』「特集　医療職と上手につきあう」（ともに中央法規出版）、共著
に、『ケアマネジメントの進め方　利用者満足を高める100のチェックポ
イント』（中央法規出版）、『介護支援専門員専門研修課程Ⅰ・Ⅱ 演習ワー
クブック』（兵庫県社会福祉協議会）がある。

だいじをギュッと！
ケアマネ実践力シリーズ

## 医療連携
### 医療ニーズの高い人への支援のポイント

2018年9月15日　発行

著　者　鶴本和香

発行者　荘村明彦
発行所　中央法規出版株式会社
　　　　〒110-0016
　　　　東京都台東区台東3-29-1 中央法規ビル
　　　　営　業　TEL 03-3834-5817
　　　　　　　　FAX 03-3837-8037
　　　　書店窓口　TEL 03-3834-5815
　　　　　　　　FAX 03-3837-8035
　　　　編　集　TEL 03-3834-5812
　　　　　　　　FAX 03-3837-8032
　　　　https://www.chuohoki.co.jp/

装幀・本文デザイン　　　相馬敬徳（Rafters）
装幀・本文イラスト　　　三木謙次
本文イラスト　　　　　　イオジン（小牧良次）
　　　　　　　　　　　　坂木浩子
DTP　株式会社ジャパンマテリアル
印刷・製本　新津印刷株式会社
ISBN 978-4-8058-5729-8

定価はカバーに表示してあります。落丁・乱丁本はお取り替えいたします。
本書のコピー、スキャン、デジタル化等の無断複製は、
著作権法上の例外を除き禁じられています。
また、本書を代行業者等の第三者に依頼してコピー、スキャン、
デジタル化することは、たとえ個人や家庭内での利用であっても
著作権法違反です。